泽夫◎编著

心理学与说服技巧

国家一级出版社 中国纺织出版社 全国百佳图书出版单位

内 容 提 要

现代社会，要想拥有良好的人际关系，创造更大的生活和工作空间，最难的无疑是成功说服他人。

本书以心理学知识为基础，从说服技巧、说服心理学等角度出发，结合大量生动的案例，分析了如何更好地说服他人，帮助读者朋友们深刻理解说服的重要性和可操作性。

图书在版编目（CIP）数据

心理学与说服技巧 / 译夫编著.—北京：中国纺织出版社，2019.4

ISBN 978-7-5180-6035-1

Ⅰ.①心… Ⅱ.①译… Ⅲ.①说服—心理学—通俗读物 Ⅳ.①H019-49

中国版本图书馆CIP数据核字（2019）第051269号

责任编辑：闫　星　　特约编辑：李　杨　　责任印制：储志伟

中国纺织出版社出版发行

地址：北京市朝阳区百子湾东里 A407 号楼　邮政编码：100124

销售电话：010—67004422　传真：010—87155801

http：//www.c-textilep.com

E-mail：faxing@c-textilep.com

中国纺织出版社天猫旗舰店

官方微博 http：//weibo.com/2119887771

三河市延风印装有限公司印刷　　各地新华书店经销

2019 年 4 月第 1 版第 1 次印刷

开本：880 × 1230　1/32　印张：6.5

字数：218 千字　定价：39.80 元

前言

生活在这个世界，每天我们都要与他人沟通。很多时候，为了争取自己的利益，或者是让他人采纳我们的意见，也或者是因为出于对亲人朋友的关心，我们还需要说服他人采纳我们的意见。也许有人会说，说服的工作是很简单的，只要动之以情，晓之以理，亲人和朋友就一定会听我们的。那么，当我们需要说服对手的时候呢？因为利益，他们能听从我们的意见或者采纳我们的建议吗？也许很难。正因为说服的情况千差万别，所以人们才会说，一个人能否取得成功，很大程度上取决于他能否说服和影响他人。说服，是每个人不可或缺的能力，也是重要的生存之道。

举个生活中最平常的例子来说，你每天都要吃饭穿衣，在购置日常生活用品时，必须努力说服他人降低价格，你才能节约自己的开支，节省金钱。再如，你想应聘心仪的职位，你必须努力说服考官，进行自我推销，让他认可你的人品和工作能力，最终录用你。总而言之，生活中说服的例子数不胜数，只有增强我们的说服能力，才能为我们的生活创造更大的空间，制造更多的可能性。

很多人以为，在沟通开始之后，说服才登上舞台。殊不知，很多说服工作在沟通没有进行之时，就已经开始了。有心之人在说服之前，一定会做一些准备和铺垫工作，例如，以倾听的姿态出现，更多地了解要说服的对象；再如，洞察和分析说服对象的心理，做到有所准备。当然，在说服别人前先好好收拾自己，让自己衣着得体，以相称的身份出现，另外在此之前对要说服的内容进行深入了解和钻研，说出有分量的话，那么说服就会变得水到渠成。还有一些细致的人，在进行说服工作之前，会精心选择说服展开的地点，这些都能让被说服之人心理放松，不至于严防死守，也对增强说服力大有好处。在说服的过程中，除了巧舌如簧，还可以运用面部表情、肢体语言等诸多加分项，来渲染谈话的氛围，为自己更好地展开说服工作创造天时、地利、人和的条件。一些会影响说服工作的不恰当的肢体动作，也应该极力避免，以免节外生枝。

现代社会，不但更加注重科学技术的应用，也更加关注人际关系、各种能力。其中，说服力就是一项重要的能力。不管是在生活中，还是在团队工作中，我们只有了解他人，深入他人心里，才能合理地说服他人。从家庭的角度来说，当家庭成员意见不统一的时候，只有努力说服家庭成员，才能彼此更融洽地相处。在现代职场上，不但凭着人品和能力取胜，更要凭借说服力获胜。归根结底，一个人的力量是有限的，只有团结更多的力量，才能变得强大起来。

从现在开始，就让我们掌握说服的技巧，努力说服他人吧！当你真正学好说服这门课程时，你便具有了呼风唤雨的能力！

编著者

2018年11月

目录

第 01 章

掌握说服心理学：掌握开启社交大门的钥匙

社会交往，在现代人的生活中占据着非常重要的位置。人是群居动物，每个人都不可能独立生存，都必须和他人打交道。掌握了社交大门的钥匙，就可以帮助我们获得更好的人际关系，让一切都循着我们所期望的那样，和谐融洽地发展。说服心理学恰恰就是社交大门的钥匙，这一点也正是它的魅力所在。

浅谈说服心理学

两千多年前，人们就开始研究说服心理学。古代社会的门客，其实很大程度上就担当着说客的角色。每当他们依附的诸侯遇到难题需要解决，他们就会四处游说。时至今日，两千多年过去了，很多学者依然把说服心理学作为自己的研究对象，想探析它在人际交往中发挥的神奇魔力。

从本质上来说，说服就是一个心理过程。所谓说服，一定有着对立的双方，一方是说服者，另一方是被说服者。针对于某件事情的发生，说服者殚精竭虑，想要说服被说服者，让对方认可自己的观点，或者采纳自己的建议。粗浅地说，说服者就像是一个倡导者，他们发言的目的是让他人响应他的号召。既然如此，说服就一定要有号召力和感染力。随着时代的发展和社会的进步，现代人再也不会像古代的门客那样仅仅凭借三寸不烂之舌，就想说服他人。因为信息的整合技术，我们掌握了更多作为确凿证据的数据。在说服他人时，这些数据和事实，都会为我们的说服提供强有力的支持，这样的科学数据或者结论，是无法轻易辩驳的。

当然，所谓说服，还需要很多技巧。毕竟，我们的说服对象是完全不同的，也是随时处于变化之中的。说服，既然是心理学范畴的名词，就应该与人们始终微妙变化的心理相联系，唯有如此，才能与时俱进，事半功倍。为此，很多心理学家利用人们的心理来说服人们。例如，从众心理、互惠心理等，在心理学中都有很好的运用，且效果显著。

掌握了说服心理学的技巧，对我们的工作和生活都将有莫大的帮助。例如，在工作的团队中，如果你的观点和他人不同，而你又需要争取他人的支持，那么你就可以努力说服他人。再如，在感情生活中，如果你苦苦追求一个女孩，但是她因为某些原因不愿意接受你，你也可以运用说服的技巧，巧妙地赢得她的芳心。纵观历史上的风云人物，很多人都是一呼百应的。难道他们真的有那么大的人格魅力吗？其实，魅力只是一方面，主要是他们还有着超强的说服能力，能够笼络人心，让人们信服他们。由此一来，还有什么大事不能成呢？也有很多时候，你说服他人只是为了捍卫自己的思想，或者推销自己的想法，甚至只是以辩论为目的驳倒对手，这些胜负输赢，如果不想撕破脸皮大打出手，只需要运用说服的能力即可达到目的。

总而言之，要想在生活和工作中顺利地说服他人，让自己拥有一定数量的“粉丝”抑或是支持者，就必须努力掌握说服的技巧，尤其是要深入了解说服心理学。这样才能以说服心理学的知识作为说服技巧的辅助，更好地发挥说服的重要作用，成就自己的人生！

只有说服，才能征服

有很多人都怀抱着梦想，企图征服世界。这样的梦想当然伟大，然而实现的过程很艰难。看看美国总统的竞选，在竞选工作中，所有候选人最重要的工作就是四处演讲。这种演讲，毫无疑问，是说服性演讲。他们演讲的目的，是用自己的观点说服广大民众，从而获得民众的支持和宝贵的投票。美国是一个讲究民主的国家，很多事情都靠民众和议会投票决定。正因为如此，说服能力显得更为重要。试想，如果竞选者不能说服民众，不能说服议会里的诸多成员，他们如何能够赢得大众的支持，最终成功当选美国总统呢？

那么，如何才能说服他人呢？前提条件当然是赢得他人的信任。很多人在和别人交流的时候，喜欢居高临下，把自己当成救世主。殊不知，居高临下只会让人心生厌恶，甚至改变主意不再支持你。要想赢得他人信任，首先要降低姿态，以谦虚的态度对待他人。很多人在说服他人的过程中，还会有意识地自损，其实是通过降低自己以抬高他人，这也是博得他人好感的方法之一。需要注意的是，自损千万不要过于明显，因为带有阿谀奉承意味的讨好，任何人都不会信任的。为了赢得对方的信任，我们还可以站在对方的角度思考问题，这样往往能提出打动对方的建议或者意见，让对方心生感动，从而消除对抗情绪。相比很多人在说服他人的时候采取的指责方式，这种方法显然更聪明，也更人性化。还有的时候，说服者会有意识地给予被说服者一定的好处，常言道："吃人手软，拿人嘴短。"这样被说服者也会变得更加容易交流。当然，如果你想说服的事情是为了对方好，那么你完全可以把有可能发生的恶果展示给对方看，这样一来，不言自明。总而言之，说服的方法有很多，要想征服世界，你必须先用尽方法说服每个人。说服不是目的，说服对方之后，让其信服，才是真正一劳永逸的解决办法。

太阳和北风是很好的朋友，它们经常轮番为世间送来温暖和清凉。然而，为了评选出谁的本领更大，它们一反常态，争得面红耳赤。

太阳说："当然是我的本领最大，我只要努力地放射光芒，人们就会大汗淋漓。”

北风说：“我的本领比你大，我只需吹一口气，人们就瑟瑟发抖。”

它们不停地争辩，谁也不愿意认输。这时，正好有个行人走过来，太阳灵机一动，对北风说：“你看看那个远处走来的人。谁能让他脱下衣服，谁就赢了，是本领最大的。”北风也不甘示弱，当即表示同意。北风自负地说：“这太简单的，看我的！”说着，它鼓气卖力地吹了起来。它一口接一口地吹着，不想，那个行人觉得寒冷彻骨，非但没有脱掉衣服，反而更加裹紧衣服。为了防止脖子里灌进冷风，他还把衣领竖起来，挡住肆无忌惮的寒风。见此情形，北风不由得着急起来，更卖力地吹着。然而，行人把胳膊环绕着抱在胸前，把衣服裹得更紧了。

太阳觉得很好笑，它不屑一顾地对北风说：“小老弟，没招了吧！还是看我的吧，我一定让你心服口服。”说完，太阳加大马力，放射出更加耀眼的光芒。突然有如此温暖的阳光照射在身上，行人感觉到暖烘烘的，不由得放开双臂，快乐地接受阳光的普照。看到初见成效，太阳一鼓作气，释放出更温暖的阳光。行人走着走着，觉得有些热了，不但把竖起来的衣领放下来，而且解开了大衣的扣子。但是，在阳光的照射下，他觉得越来越热，不由的满身大汗。为此，他脱掉大衣，抱在怀中，只穿着单薄的毛衫走着，口中不停地说：“今天真暖和啊！太阳真好！”

北风心甘情愿地认输了，非常佩服太阳的本领。太阳呢，则谦虚地说：“我只能让人们脱掉棉服，却不能让人们穿上棉服。如果要比赛谁能让行人穿上棉服，一定是你的本领更强。实际上，北风老弟，我们谁也不比谁更强，而是各有所长啊！”

在说服北风停止争论的过程中，太阳显然使用了小小的计谋。不过，最终它还是达到了自己的目的，成功说服北风不要再争论谁的本领更大，因为它们各有各的本领，都有自己的长处。在比赛的那一个白天，深受北风崇拜的太阳显然征服了全世界。

朋友们，你们是否也曾想说服他人呢？小到孩子在一起玩游戏制订规则，大到影响世界格局的政治家们在谈判桌上口若悬河，说服的作用向来这么显而易见，而且至关重要。不管你是想征服一个人，还是想征服世界，你都必须做的一件事情就是说服。唯有说服或多或少、分量或轻或重的人们，你才能说服世界，进而征服世界。

撼动人心，才是说服的关键

前文我们阐述了说服心理学的意义，也简单概述了说服的技巧等。那么，一定有读者迫不及待地想问，说服的关键在于什么呢？说服的目的最终是让被说服者心悦诚服，真心信服。由此不难发现说服的关键，即撼动人心。只有打动人心的说服才能让对方心甘情愿地改变，才能保证对方在被说服之后真正地信服。相反，如果说服只停留在表面，让人们碍于面子或者出于某种目的暂时委曲求全，那么说服就失去了最本质的动机和作用。从诸多的影视剧中，我们不难看出，很多罪犯在刚刚被抓住的时候总是负隅顽抗，就像是千年坚冰，无论如何也不愿意坦白认罪。然而，经验丰富的心理专家，抓住罪犯心理，从他们最薄弱的心理环节入手，最终破冰而入，打开他们的心扉。一旦完成这一步，罪犯的心理防线就被彻底攻破，对自己所犯的一切罪行供认不讳，而且会积极主动地配合公安机关破案，争取早日把更多的案犯抓捕归案。那么，心理专家是从哪里攻破罪犯的心理防线的呢？他们之所以走上犯罪的道路，一定有多种原因。每一个罪犯的心底里，都隐藏着很深的伤痛和无奈。心理专家正是抓住他们的这一特点，对他们动之以情，晓之以理，尤其是让他们为老人和幼子考虑，最终迫使他们认罪服法。

从某种意义上来说，人际关系就是一场没有硝烟的战争。对立的两方，彼此都想说服另一方，取得真正意义上的胜利。然而，掌握各种说服技巧只相当于成功了一半，真正的成功必须能够撼动人心，让对方发自内心地接受和认可你的观点，这才算是真正的胜利。当然，说服这场战争并不是针锋相对的，而是一门艺术，一种学问。现代的职场上，人际关系的作用被提升到前所未有的高度。现代的工作，再也不是闷着头干活就能做好的。要想在职业生涯中如鱼得水，不但要有真才实学，更要有处世能力。当你巧舌如簧，能够说服众人时，你一定会成为职场上璀璨夺目的那颗星。归根结底，逞一时的口舌之强并非真本领，而要能够打动人心，才是最终的胜利。

当你想要说服别人的时候，一定也要先洞察他人的心理。只有深入了解他人心理，你才能更好地说出投其所好的话，才能博得对方的认可。试想，如果对方认可和信任你，只要你说的话不太离谱，他还会刻意反对吗？相反，因为对你有好感，他还会更加倾向于采纳你的意见和建议呢！

晓之以情，才能动之以理

何为共情？所谓共情，从概念的角度来说，也叫“同理心”“同感”“投情”。这个概念最早是由罗杰斯提出来的，他是人本主义的创始人。如今，这个概念为越来越多的心理学家所接受，还有一些现代精神分析学者的著作中也频繁提及和运用这个概念。

试想，如果你想说服他人一件事情，你本身却并不认可这件事，那么你还如何说服他人呢？即便你巧舌如簧，滔滔不绝，也只是在用枯燥的语言说服他人，而并不能真正地打动他人。这样的说服，因为带有明显的功利性，很难让人心悦诚服地接受，甚至会让人心生反感。与此相反，假如你在说服他人时，能够设身处地地为他人着想，站在他人的角度思考问题，权衡利弊得失，那么你给出的建议就会更加具有可行性，对方也更容易接受。在这种情况下，你再从对方的角度进行阐述，自然能够打动对方的心灵，让对方心悦诚服。只有对方从感情上先接受你、认可你，你才有机会讲述你的道理。否则，一切还未开始就将结束，你根本没有机会讲述自己的道理。

小白是一名二手房销售人员。和大多数同事都刚刚大学毕业没几年相比，小白的年纪是单位里最大的，她已经三十多岁了。对于这份高强度、高压力的销售工作，很多同事最初都以为小白有家有孩子，无法坚持太长时间。不料想，小白的工作风生水起，每个月的销售业绩都是门店最高的。小白究竟有何秘诀呢？渐渐地，同事们发现小白和客户聊天时，共同话题特别多，而且即使客户不说，她也能了解客户的想法。原来，这一切都归结于小白的年纪。她已经三十多岁了，不但有结婚、生养孩子的经历，也有买房的经历。

尤其是，小白的家就住在他们所负责区域的一个高品质小区。每次介绍这个小区的房子，小白都不忘告诉客户：我家就住这个小区，小区的确挺不错的。就这样，这个小区的大部分房子都被小白卖掉了。

一次，小白带客户去实地看房，新来的小郑也全程陪同。在看到一套中意的房子后，客户面露为难的神色，小白体贴地问："你们觉得这套房子怎么样，首付有问题吗？"客户这才说："房子的确很好，不过我们买不起，首付差十几万呢。"很多销售在客户说出这样的话时，难免都会面露鄙夷之色，不过，小白很理解地说："嗨，没关系，谁买房都紧张。记得当初我们买房子的时候，把老人的钱都拿来用，还借遍了所有的亲戚。不过，在大城市买房没有一步到位的，你们可以先买套总价低些的，等到合适的机会再置换，到时候我再负责帮你们把房子卖出去。"这样说完之后，客户的神色明显轻松了很多。小白呢，再给客户找房的时候，就会留意帮助客户控制首付，找那些在客户承受范围内的房子。这样，一来提高效率，二来也能避免客户尴尬。看到小白如此贴心的服务，小郑感触颇深。在开夕会的时候，小郑当着全店的同事说："我跟着白姐学习一天，但是真的学不会她的销售技巧。她的销售技巧，就是利用自己丰富的生活经验，和客户产生共情，时时刻刻为客户着想，让客户感到就像是家里人在帮他们选购房子呢！我想，我们必须非常努力，才能达到白姐的十分之一！"

小白的销售技巧，简要地说，就是"共情"。对于那些年轻的客户来说，他们或者是买房作为结婚之用，或者是买房为了孩子上学。总而言之，这样的经历小白早就经历过了，她很容易就能站在客户的角度考虑问题，理解和体谅客户的苦衷，也知道客户顾虑什么。如此未卜先知的能力，如此帮助客户着想的销售，怎么可能不事半功倍，马到成功呢？

引导，迈开说服的第一步

为什么商场里需要那么多的导购呢？毫无疑问，多一个导购，厂家就要多出一个人的工资，难道他们不会算这笔经济账吗？他们当然会算账，只不过，他们更加清楚导购的意义。导购，顾名思义，就是引导顾客选购商品的工作人员。如今是商品市场，各种商品都极大丰富，商场里同类商品有很多。如果没有导购，消费者在选购商品时，只能自己进行比较，也许会忽略某品牌商品的优点。有导购则完全不同，导购可以在顾客还没认识到其他商品质量之前，就优先推出自家的商品，并且详细介绍商品的优点和独特性能。其实，行业发展到今天，很多技术都是共享和互通的。重要的是信息的传递，谁第一个传递出信息，谁就抢占了先机，也就夺得了顾客的偏爱。

当然，销售过程中的引导并非谁先张开嘴说话那么简单。真正的引导，并不在于谁先说话，而是看谁能在谈话中占据主导地位，把控谈话的方向。也有很多销售能力比较弱的推销员，反而被顾客说得哑口无言，那还怎么引导顾客呢？一般情况下，最能表现出销售人员销售能力的，就在于他能够引导客户，让客户意识到自己的真正需求，并且认可该销售员推销的产品才是他的最佳选择，最终顺利达成交易。其实，一切的说服工作，最开始都是以引导为开始。毕竟，人不是机器，不可能输入一个程序就全盘接受。只有逐渐引导，才能循序渐进，走进对方的心里，最终说服对方。

转眼之间，炎热的夏天就来了。为了给家人买到最大最甜的西瓜，小李煞费苦心。刚开始，她每次买西瓜都会换个摊位，这样才能比较出谁家的瓜品质更好。在初步锁定一个摊位之后，她还要施展说服心理学中的技巧，为自己买到最好的西瓜。

最近几天，她都在这家买西瓜。刚开始时，她总是叮嘱卖瓜的人，说："你看看，我天天来你家买西瓜，是老主顾。你可一定要给我挑个最好的啊，这样我才能天天来买瓜。"不过，她发现每次买瓜，卖瓜的人最多给她挑三四个，就锁定西瓜开始称重。当小李开始喋喋不休地叮嘱上面那些话时，卖瓜的人就会漫不经心地说："放心吧，姑娘，我的瓜个个都好。如果你回家切开，发现瓜生，那就给我送来。"

有一次买的西瓜并不甜，但是也不生。小李一家人好不容易才把这个不甜的西瓜吃完。再一次去买瓜时，小李对卖瓜的人说："师傅，你上次给我挑的西瓜特别甜，今年还从未吃过这么甜的西瓜呢！其实，你家的西瓜摊是我比较好几次才选定的，我决定今年就吃你家的西瓜了。连我家那么小的孩子，都说很甜呢！"果然，卖瓜的人听了小李的话喜笑颜开，足足挑了七八个瓜，才给小李选定了一个瓜，看来，他是非要把最甜的瓜挑给小李啊！

小李很聪明，为了买到最甜的瓜，她想出了一个好办法，即在谈话中引导卖瓜的人，使他心甘情愿地为她找到最甜的瓜。起初，小李把主动权给了卖瓜的人，想让卖瓜的人主动挑选好瓜给她，以便留住这个老主顾。后来，小李发现卖瓜的人天天卖瓜，估计每个去买瓜的人都会说相同的话，因此，她改变了策略，决定换一种说法。果不其然，她成功地引导了卖瓜的人。虽然只有几句话，但是这就是一种说服，而且是非常成功的说服。

记得在一本书中看过，如果你想让一个人成为你所期望的样子，那么你就要经常按照你所期望的样子夸奖他。日久天长，他就真的会变成你所期望的样子。实际上，这里的夸奖就是引导，或者说是一种心理暗示。在说服的过程中，如果能够很好地运用这个技巧，把握被说服者的心理，那么说服就会成为水到渠成的事情。

幽默，让你的说服妙趣横生

在有些人的心里，说服就应该是剑拔弩张的唇枪舌剑。殊不知，说服也可以是谈笑间强弩灰飞烟灭的从容不迫。关键在于，你用何种方式说服别人。如果你采取批判和指责的方式，那么被说服者很多时候就会心生不服，甚至心生抱怨。由此一来，言语间也会爆发争执，最终不但无法达到说服的目的，还会事与愿违，令双方反目成仇。与其付出如此惨重的代价，不如改变说服的方式，让说服变得幽默生动，在不知不觉间就说服他人，且气氛和谐融洽。说服者与被说服者也会成为朋友，何乐而不为呢?

幽默是一种艺术，也是一种难得的能力。中国人也许是因为受到封建文化的禁锢和压抑太久，普遍缺乏幽默细胞。在西方国家，幽默时常被作为一项必不可少的能力。例如，有些公司在招聘员工时，除了对员工的学历等提出要求之外，也会要求应聘者必须懂幽默，会幽默。甚至很多年轻女性在寻找人生伴侣时，也会要求对方具有幽默的品质。在说服的过程中，如果能够运用幽默的语言艺术，就会使说服变得更加简单，也更加快乐。

很久以前，有位国王带着随从去森林里打猎。他们发现了一头麋鹿，就不停地追赶，最终追到森林深处，迷路了。他们吃光了所带的食物，也没有水喝，人困马乏，只好漫无目的地在森林里继续走着。就在夜幕降临之际，他们发现从林里传来微弱的光。他们奔着灯光走去，原来，这是猎人的家。

国王又饥又饿，向猎人要了两个鸡蛋吃。吃完后，猎人向国王索要20英镑。国王惊讶极了，质问道："你的鸡蛋是金蛋吗？居然要20英镑。鸡蛋又不是罕见珍稀的食物，值这么多钱吗？"猎人笑着说："尊敬的国王陛下，虽然我的鸡蛋不是罕见珍稀的食物，但是国王难得来一趟啊！也许，你这次回到王宫，再也不会迷路，再也不会误打误撞来到我这里。因此，我必须抓住这个千载难逢的好机会。"听完猎人的话，国王哈哈大笑起来，说："你可真幽默！好吧，我答应给你20英镑！"

两个鸡蛋怎么可能值20英镑呢？国王当然知道事实，也知道猎人故意抬高了价格。不过，猎人说的话让国王在哈哈大笑之余，不愿意反驳。猎人说得没错，虽然鸡蛋是寻常食物，但是国王很少见。这就是机智的幽默。显而易见，国王被猎人说服了，所以答应付给猎人20英镑。

日常生活中，我们有很多时候都需要说服他人。如果强制要求别人信服我们，当然是不可行的。只有运用说服的办法，让他人发自内心地信服，才能达到目的。当然，如果你本身就是一个幽默的人，那么在说服中加入幽默的技巧，就会使彼此之间的交谈更加和谐愉快，也使说服的过程更加事半功倍。

由说服到信服，才是真服

说服的最终目的，不是要表面的服从，而是发自内心的信服。由说服到信服，才是真服。人与人相处过程中的交流，也许平日里非常和谐融洽，但是，当观念不一致或者看法不相同时，为了让他人接受我们的观点，我们就必须努力说服他人。要知道，所有沟通之中，说服是最难的。所有说服之中，让人心服口服最终信服，是最难的。尤其是在现代社会，不管是生活节奏还是工作节奏，都极大加快。在处理很多事情时，也往往会本着速战速决的原则，尽快处理完成。在这种大环境下，我们要说服对方，也应该尽量缩短时间，提升效率。

在生活中，我们需要说服的对象很多，上至老人，下至孩子，还有我们的亲人、朋友，都难免会遇到意见相左的时候。在工作上，更是需要我们施展各种技巧，更好地融洽与同事之间的关系，这样在工作中才能更好地团结协作，齐心完成艰巨的工作任务。总而言之，我们随时都有可能面对说服别人的情况，只有让他人真心信服，才能真正达到说服的目的。

关于说服的力量，19世纪美国黑人领袖弗里德里克·道格拉斯曾说："假如我能说服别人，我就能让整个宇宙转动起来。"从这句话不难看出，说服在社会中有着深远的影响力。只有掌握说服能力的人，只有在短时间内能够撼动他人心灵的人，只有能用精练的语言引导和控制对方内心的人，才能拥有与众不同的影响力。和大多数人的理解不同，说服绝对不是一种强势的入侵，而是一种美妙的艺术。在说服的过程中，我们必须时刻关注对方的心理动态，从而以谈话的形式触动对方的心灵。真正的说服，不仅在于从表面上改变对方的言行举止，而是从内心深处改变人的思想，打动人的心灵。

小张是一名推销员，每天都在登门拜访客户，这样才有机会把他们公司生产的数控机床推销出去。和有些推销员推销牙刷牙膏等日化用品不同，小张推销的数控机床金额巨大，因此客户往往成交周期更长。

小张最近正在盯着一家工厂，如果这家工厂能够从他这里订购数控机床，那么他就能一举完成半年的销售任务。为此，小张决定全力以赴。然而，闻讯而来的推销员有好几个呢，都来自于大的数控机床生产厂家。为了和他们竞争，小张索性在这家工厂对面的宾馆包了一个月的房间，每天都泡在工厂里。不过，负责采购的人让小张非常苦恼。好不容易，小张才辗转约到采购员一起吃饭，吃饭时，小张什么也没说。在招待采购员吃好喝好之后，第二天，小张才去工厂找采购员。对于采购员出示的几家同类产品的资料，小张仔细看了看，说："师傅，我知道您经验老到，要不然也不能担当采购的重任。您看看，这几家的资料上全部都是在陈述机器的优点，我想，您一定知道所有机器都和人一样，必然有缺点。我现在就把我家机器的缺点告诉你，这样才知道这个缺点是不是你们能够接受的。也胜过你们采购之后，在使用过程中发现机床不好用，那就太被动了。"说完，小张拿出详细的数据给采购员看，并且给采购员指出自家机床的缺点。最后，采购员感激地说："小张，谢谢你，能把机器的不足给我指出来，这样也就免除了我的后顾之忧。你放心吧，不管我最后是否在你这里买机床，你这个朋友我都交定了。"听到采购员的话，小张悬着的心放了下来，因为他很清楚，自家机床的不足并不是致命的，只是技术上的限制导致的。

显而易见，小张通过自曝短处，获取了采购员的信任。和其他实力强劲的对手相比，小张并没有明显的优势。为了帮助自己在采购员心中留下深刻的印象，也表现出坦诚相待的决心，小张主动说出了自家机床的不足。这种以退为进的做法，反而让采购员对小张刮目相看。不难想象，如果小张也和其他推销员一样，一味地只说自己产品的好处，和其他产品展开正面的比较，那么在技术水平都相当的情况下，毫无优势可言，结果也就不容乐观。

在说服他人的过程中，如果我们的说服工作遇到瓶颈，始终无法突破，不如反过来想一想，是不是出现了什么问题。其实，说服工作如果失败，原因都是说服没有打动人心，更没有让人信服。只有解决了这个问题，说服的瓶颈才会消除，说服工作才能顺利展开。如今，大多数人都意识到说服的重要性，却对说服的难度认识不足。归根结底，说服并非一说就服。要想说服别人，我们不但在道理上要站得住脚，更要掌握说服的方法和技巧，最重要的是还要打动人心，让人信服。

第 02 章

了解说服的本质：说服之道，攻心为上

不管从哪个角度来说，说服最终的目的都是让人心服。这也就决定了说服工作的主攻方向，即攻心。很多时候，说服者往往本末倒置，一味地喋喋不休，反而会适得其反。只有事先了解被说服者的心理，把握其微妙的心理动态，才能灵活机动，采取最适宜的方法打动被说服者的心，使说服工作事半功倍。

唠叨，也许适得其反

唠叨者，往往就一件事情不停地说来说去，目的就是让别人接受他们的观点，采纳他们的建议。殊不知，当唠叨得别人耳朵都起老茧的时候，别人还会愿意听你说话吗？只怕你一张口，大家就都躲得远远的。很多人都会犯唠叨的毛病，他们不但说话唠叨，写文章也唠叨，很少有人能耐心地读完。

既然简洁的语言和唠叨的语言有这么大的不同，那么在说服的过程中，我们也应该吸取前辈的经验，采取简明扼要的语言说服他人，而不要像唐僧念经一样喋喋不休，没完没了。下面，就让我们来看一个事例，对比简明扼要地劝说他人和喋喋不休的不同效果。

夏丽今年16岁了，正在读初中三年级。她的学习非常紧张，因为还有半年就中考了。妈妈常常对她说："能否考上好高中，直接决定了你能否考上好大学。"这句话，几乎把夏丽的耳朵都磨出老茧了。

一个偶然的机会，夏丽认识了隔壁班级的海洋。海洋个子高高的，眉清目秀，阳光帅气。因为彼此的好感吧，他们越走越近，放学常常留在学校一起写作业，再一起回家。很快，关于夏丽和海洋的风言风语就传到了老师耳朵里，老师赶紧通知夏丽妈妈来学校，彼此之间就夏丽的早恋问题展开交流。妈妈非常紧张，她可不希望女儿在这个节骨眼上谈恋爱，误了一辈子啊！好不容易等到夏丽放学，妈妈连饭都不给夏丽做，就赶紧展开审问。在妈妈的接连提问下，夏丽一律摇头，回答：“不知道！”妈妈当然不相信夏丽什么都不知道，因此，在未来的半个月时间里，妈妈每天都在说，每天都在提醒夏丽。有一天，当妈妈又在就早恋问题唠叨时，夏丽厌烦地说：“妈，我不是跟你说了我们只是普通朋友。你如果再提这件事，我就真的和海洋谈恋爱。”夏丽的这句话，让妈妈没招了。无奈之下，她只好召回在外地工作的夏丽爸爸，把这个棘手的问题交给爸爸来解决。

爸爸听了妈妈焦灼不安的诉说后，笑着说：“他们如果谈了，不会因为你分手，所以你不管怎样都改变不了事实；如果没谈，就最好。”爸爸的这句话，让妈妈似乎想明白了，不那么焦虑了。不过，她还是强烈要求爸爸必须和夏丽认真地谈一谈。

晚上放学回家，夏丽意外地看到爸爸在家，猜想到肯定是妈妈把爸爸召唤回来的。因此，晚饭过后，当爸爸走进夏丽的房间时，夏丽没好气地说：“爸爸，欢迎你来我的房间，不过你可别被妈妈当枪使。”爸爸哈哈大笑，说：“我的女儿越来越鬼精灵了呀，说话也太直接。”夏丽嘟囔道：“难道你希望有两个唐僧围着你念经吗？”爸爸开门见山地对夏丽说：“夏丽，你妈妈对我说的事情我根本不相信，我相信我的女儿不会在关键时刻拎不清。换言之，即使你真的恋爱，我也相信你不会耽误学习。”夏丽瞪着大眼睛瞪着爸爸继续朝下说，爸爸却笑而不语。夏丽问：“没了？”爸爸点点头，说：“没了。”夏丽高兴得欢呼雀跃，甚至给爸爸送上了香吻，不停地说：“谢天谢地，谢天谢地，我以为你要和我谈三个小时呢！”爸爸惊讶地说：“啊，怎么会呢？我可没那么多耐心！”夏丽当即向爸爸保证：“爸爸，放心吧，我没早恋，也肯定不会影响学习。”

妈妈唠叨了半个月也没解决，甚至差点儿把事情推向反面，爸爸一回来，几句话就解决了，而且皆大欢喜。究其原因，就是因为爸爸的言简意赅和信任，所以夏丽才愿意向爸爸保证坚决不影响学习。尽管爸爸谈完之后并不确定夏丽是否真的恋爱了，但是有一点毋庸置疑，即夏丽不会影响学习，这就足够了。

在这件事情中，妈妈显然本末倒置了。其实，不管是爸爸妈妈也好，还是老师也好，最担心的是夏丽的学习成绩出现波动。既然夏丽保证不影响学习，她是否早恋也就无足轻重了。正因为妈妈一心想着把自己的观点以不断重复的方式灌输给夏丽，所以夏丽才会恨不得真的和海洋早恋呢！爸爸则不同，爸爸只要结果，不在乎过程。对于正值花季的女儿而言，感情上有些萌芽也是正常的，只要不影响学习，有何不可呢？爸爸的宽容大度和信任，让夏丽很容易就被爸爸说服了。虽然她没有明确表示什么，但是她向爸爸保证不会耽误学习，就是最好的态度。

从上述事例不难看出，能否说服一个人，不在于你把同样的话重复了多少遍，而在于你是否能够简明扼要地表明你的态度，明确你的诉求。既然唠唠叨叨只会让人心生厌烦，为什么不三言两语就把事情说明白呢？只要能够达到说服的目的，过程是否艰难曲折并不是最重要的。

口舌争锋，并不是说服的好办法

提起说服二字，很多人都会自然而然地想到三寸不烂之舌。的确，说服必须用到嘴巴，不然就无法表达我们的意见和想法。毋庸置疑，口在说服中的重要作用是显而易见的，然而，口的作用并不是唯一的。在说服他人的过程中，我们更多地借助于口来表达自己，而并非用口与他人舌战。这也就否定了大多数人认为的说服是口舌争锋。所谓的口舌争锋，是辩论里的典型表现，而与说服关系不那么密切。

很多人都因为口舌纷争而吵架，甚至发展到打架。这是因为，一旦辩论的态势无法控制，彼此双方都会竭力验证自己的观点，想要压倒对方。其实，争论根本不分胜负。即使真的辩倒了对方，我们也未必获得了胜利。要知道，被辩倒的人一定会感到屈辱，甚至对你心生怨恨。那么，赢了一场辩论，失去一个朋友，到底是赢还是输呢？真正的说服，要以共赢为目的。不管你说服对方是让对方买你所推销的东西，还是为了对方好，只有彼此都高兴，结果才皆大欢喜。对此，富兰克林曾经说："在辩论和争辩中，你或许可以赢，但是你的胜利不值一提。因为，你赢了也无法得到对方的好感。"由此可见，以争论的方式说服他人，是完全不可取的。

曾经有两个旅行者结伴而行。在经过海边的时候，一个人打了另一个人一巴掌，被打的人在沙滩上写："今天，他打了我。"后来，他们来到沙漠，那个人又帮助了曾经被打的人。这次，曾经被打的人在石头上刻下："今天，他帮了我。"那个人很奇怪，不明白为什么一次刻在沙滩上，一次刻在石头上。被打的人说："我要忘记你对我的伤害，永远记住你的好。"这当然只是一个寓意美好的故事，因为在现实生活中的情况并非完全如故事呈现的那样美好。大多数情况下，人们很容易忘记对他好的人，却始终牢牢地记着伤害他的人。既然如此，我们有什么必要为了一次争辩与人针锋相对，甚至反目成仇呢？在说服他人的过程中，如果能更加圆融机智，也许就会水到渠成。

有个年轻的小伙子在美国留学，租住在学校附近的一间公寓里。不过，公寓的价格很贵，小伙子没有太多的钱，房东呢，又拒绝降价。无奈之下，小伙子只好先租半年。

很快，小伙子在公寓里住了一个月。他非常懂礼貌，也爱惜环境，和楼上楼下的邻居都相处得特别好。不过，他突然给房东打电话说要搬家，房东惊讶极了，赶紧赶到公寓，想与小伙子当面谈一谈。

房东问："小伙子，你住得很好啊，邻居们都很喜欢你。你为什么要搬家呢？而且，我想没有其他的房子比我这里更方便你上学放学的了。"小伙子为难地对房东说："我的确非常喜欢您的房子。在这里居住的一个月，是我最开心的时候。房子不但离学校近，而且各项设施都很齐全。我最喜欢您宽大的双人床，我简直可以在上面翻跟头。而且，您从不拖欠物业费，这样我才能享受一流的物业服务。"听到小伙子的恭维，房东高兴得眉开眼笑，又问："那你到底为什么要搬走呢？"小伙子自责地说："我要搬走，与您和您的房子没有任何关系。我只是出现了经济危机，现在无法支付房租了。我其实一点儿都不想搬家，却不得不和您提出这个请求。"听了小伙子的话，房东当即问道："那么，你觉得你能承担多少房租呢？"小伙子不好意思地笑了笑，说："按照我现在的情况，我每个月最多只能支付100美元作为房租。"这时，房东毫不犹豫地说："那你就付我100美元吧！只要你继续住，我愿意把你住过的这个月，也按照100美元房租收取。多付的50美元，就顺延到下个月抵扣一部分房租吧！"就这样，小伙子成功说服房东，把房租从150美元，降低到100美元，还把第一个月多付的50美元也顺延到次月抵扣房租了。

小伙子很聪明。首先，他没有贬低房子。很多人在想让房东降价时，总会说房子一些不好的地方。小伙子没有这么做，因为他知道赞美房子能让房东心里感觉舒服。接下来，他列举了自己的困难，并且把想要退租的责任都包揽到自己身上。如此一来，房东就会体谅小伙子的艰难处境，意识到他搬家是不得已才为之的事情。最终，小伙子委婉地说出自己的承受能力，而没有生硬地要求房东必须降低房价。这么做的结果是，房东主动把房租降低到小伙子能承受的范围内，热情邀请小伙子继续住下去。

如果换一种方式，小伙子说房子各种不好，那么结局就会大为不同。对于很多火暴脾气的房东来说，租客觉得房子不好可以不住，断然没有降低房租的道理。其实，生活中很多需要说服他人的时候，我们都可以借鉴小伙子的做法：房东不但最终心甘情愿地降了房租，而且皆大欢喜。生活中我们常常看到的情况是，很多买东西的人唾沫横飞地与卖家砍价，直到卖家甚至不愿意把东西卖给他。这样的砍价，即使最终真的达到自己的心理价位，卖家也是满肚子不高兴，根本不算双赢。我们不如多多学习小伙子的智慧，争取皆大欢喜的结局吧！

关注，是打开对方心门的钥匙

每个人都渴望得到他人的关注，从而突显自己的价值。当被忽视时，人们的情绪会莫名地低落，就像找不到位置的就餐者，坐立不安，还担心别人投来异样的眼光。既然如此，当你想要说服一个人时，如果对方总是将你拒之门外，你为什么不先尝试着关注他呢？这可比你想要强硬地闯入对方的心灵，来得更好啊！

得到关注的人，就像是怀抱着一大束玫瑰走在大街上。他们不会表现得太糟糕，因为他们知道，当人们的目光被玫瑰吸引到他们身上，也会关注他们的言行举止。谁愿意自己表现得那么粗鲁呢？尤其是在万众瞩目的时候。因此，他们变得比平时更加宽容友善，以此来博得他人的赞誉。从另一方面来说，如果你关注一个人，那么作为回应，他也会给予你一定的关注。如此一来，当你需要说服他时，他便会由心底里对你生出好感。

在担任美国总统期间，富兰克林得到了大多数人的支持。让他感到烦恼的是，议会里有一位颇具影响力的企业家总是和他作对。不管富兰克林提出什么提议，这个企业家都不由分说地全力反对。富兰克林一直在想：如何才能得到他的支持呢？思来想去，富兰克林决定给这个企业家写一封信。

在信里，富兰克林说：“很多人都说您非常博学，家里藏书颇丰。很多书，即使市面上没有，在您家里也能找到。一直以来，我都想看一本书，找了很多书店和旧货市场，都没有找到。听说您家里有这本书，不知道您能否借给我看看？一周之后，我一定会把这本书完好无损地交还给您，届时再登门拜谢。”其实，企业家对富兰克林本身并没有任何成见，只是与富兰克林观念不同。在收到这封信后，企业家当即把书借给富兰克林，当然，富兰克林也如约在一周之后带着书登门拜访。他真诚地对企业家说：“看完这本书，我受益很多。太感谢您了，是您的藏书给予了我巨大的提升。”就这样，富兰克林和企业家成了朋友，他们的关系也越来越亲密，最终变成了合作伙伴。

富兰克林之所以能与企业家化敌为友，就是因为他给予了企业家很大的关注，并且赞誉企业家学识渊博，藏书颇丰。在关注企业家的同时，他也得到了企业家的关注，所以他们之间的关系越来越亲密。如此一来，富兰克林想要说服企业家支持自己，也变得轻而易举。

在日常生活中，当我们想要说服一个陌生人时，不如先给予他极大的关注。只有关注他人，他人才会关注你，才能更加用心地倾听你说了什么。这样一来，说服就打开了对方的心门，你也就有机可乘，进入对方的内心深处。

“见风使舵”式的说服

卡耐基深谙人际相处之道。对于让很多普通人头疼不已的人际关系，他曾经说：“不管是对于剑拔弩张的谈判，还是对于滔滔不绝的演讲，灵活地使用语言都至关重要。”从卡耐基的话中，我们不难得出：只有灵活应变，才能应付瞬息万变的情况。很多时候，我们在发表演讲或者试图说服他人前，总是作出很多设想，想让谈话按照我们预想的样子往下发展。殊不知，谈话过程中的情况随时都有可能发生变化，必须见风使舵，及时调整谈话的思路，才能顺应情势变化，让说服工作顺利展开。

大多数情况下，我们认为见风使舵是个贬义词。在交谈过程中，见风使舵说服他人，却是灵活机智的表现。关于说话，民间有句俗语，“有智慧的人说活话，愚蠢的人说死话”。这句话的意思是说，有智慧的人能够察言观色，及时体察情况变化，从而调整说服策略。相反，愚蠢的人呢，则只会按照自己之前想好的思路往下说，而丝毫不顾及他想要说服的是个活生生的、有思想的人，是个随时都处于变化之中的个体。纵观历史长河，大凡能够得到人们爱戴的领袖或者首领，不仅具备超强的能力和过人的胆识，更是有着杰出的口才。众所周知，在不同的场合，我们应该说不同的话；面对不同的人，我们也应该有针对性地说话。然而，很多人都不知道的是，即使在同一个场合，面对同一个人，如果他的情绪有了改变，就不能循着之前的思路说话，而应该马上调转话锋，以免引起误解。说话是一门艺术，要想取得最佳的效果，就必须根据语言环境的改变及时作出调整。

很多时候，说服别人并不在于口才，而在于用心。尤其是在说服的过程中，一定要牢记自己的宗旨，千万不要一条路走到黑，直接把你想说服的人说毛了，你却依然在滔滔不绝。显然，这是完全不可取的。如果在说服时不小心说错了话，虽然尴尬，也要见风使舵，及时补救。有的时候，他人即使听出来你的见风使舵，也会感受到你的用心良苦。人与人之间的交往，最重要的是交心。

爱的力量超乎你的想象

生活中，几乎每天都有机会让我们展示说服的能力，如买菜时和小贩讨价还价，再如工作中和同事因为意见不同而沟通，甚至晚饭吃什么都要说服和你意见不尽相同的老公，当然，最头疼的还是说服孩子听从父母的安排……总而言之，人活着就不能不说话，只要说话就离不开说服。那么，面对不同的说服对象，我们也会采取完全不同的说服方法。例如，在和孩子说话时，很多父母习惯于下达命令；在企图说服顶头上司时，职场人士往往采取汇报并且虚心听取意见的姿态；反之，在说服下属采纳自己的方案时，就会不知不觉间变得强势很多，让下属按照自己的意思去全权办理；夫妻之前开展说服工作时，有的时候会以倔强的语气表达看法，有的时候则会以温柔的撒娇作为手段达到目的……归根结底，不管采取哪种方法去说服他人，我们都会使出撒手锏，以达到目的。

在众多说服的方法之中，对于亲人、爱人和朋友，有一种非常美好的说服方法，那就是爱。人是因爱而生的，只有爱，才能让人们更好地彼此理解，相互体谅，成全对方。虽然要挟、固执地陈述自己的观点，也能达到说服的目的，但是，这些方法都没有用爱去说服对方更美好。如果你能恰到好处地运用爱的力量说服自己所爱的人，那么你就会对爱有更加深刻的理解和感悟，也会被爱那伟大坚定的力量所感染。爱，是无所不能的力量。

豆豆是个独生女，从小在父母的疼爱下长大，无忧无虑，非常幸福。如今，豆豆已经成立了自己的小家庭，开始独自生活。她和丈夫每到节假日就会去和父母团聚，一起吃饭，一起聊天，生活过得惬意而又美好。然而，好景不长，爸爸在一次例行体检中被怀疑得了脑癌。这对于豆豆和妈妈来说，无异于晴天霹雳。一时之间，她们都不知如何是好。在经过几次复查确诊之后，爸爸经过深思熟虑，作了一个决定：放弃治疗。对于爸爸的决定，豆豆很不理解。她甚至觉得爸爸太过于胆小怕事了，不就是脑瘤嘛，现代的医学技术如此发达，只要积极治疗，是可能治愈的。在与爸爸几次因为放弃治疗的问题发生冲突之后，妈妈对豆豆说："豆豆，你觉得爸爸放弃治疗是因为害怕吗？其实不是，他这还是不想把家里的钱全部花完，人也走了，留下咱们娘俩。他是想把这些年辛苦打下来的基础，都留给你啊！”听了妈妈的话，豆豆热泪盈眶。然而，作为女儿，不管爸爸出于怎样的想法，她都无法接受爸爸放弃治疗的事实。

思来想去，豆豆意识到不能和爸爸硬碰硬。毕竟，爸爸现在是病人，需要家人精心的呵护和照顾。豆豆决定采取爱的方式，让爸爸不忍心放弃治疗，留下她和妈妈。豆豆劝说爸爸妈妈去旅行，并为他们设计了爱的专线。其实，妈妈也想让爸爸治疗，所以策应豆豆，旅行很快就成行了。在这次旅途中，妈妈照顾着爸爸，他们一起重温了年轻时相识相知的地方，也一起走过了曾经走过的路，又看了一遍那些当年让热恋中的他们流连忘返的风景。果然，爸爸在旅行之后改变了想法，他说：“我接受手术，我不能把你们母女俩孤零零地留在人世间。我要看着我的女儿生子，帮她抚养孩子，还要陪着我的爱人走完漫长的人生。”心态一旦改变，爸爸原本听天由命的状态也马上改变。他开始积极地锻炼身体，准备迎接手术的日子。也许是爱感动了命运，爸爸的手术进行得非常顺利，而且肿瘤经过病理检查，确定是良性的。豆豆松了一口气，遍布的乌云终于散了。

原本爸爸因为对女儿和妻子的爱，决定放弃治疗。在几次劝说爸爸无果的情况下，豆豆决定采取一种迂回曲折的办法，用爱唤醒爸爸的求生欲望。豆豆精心设计的路线果然让爸爸想起生命过往无数的美好，他再也不愿意抛下妈妈和豆豆，独自求死。因为向死而生的勇敢，爸爸鼓足了勇气，最终换来了身体的痊愈。这就是爱的力量。用爱说服你所爱且爱你的人，能够让你深切感受到爱的力量，也体会到亲人之间生死依存的美好。

生活中，面对很多人的时候，我们都可以用爱的方式说服他们。只要让我们所爱的人理解我们的苦心，坚信不管什么时候，我们对他的爱都不会改变，他就一定能够鼓足勇气，向死而生。

口才好，不如态度诚恳

在说服他人的过程中，很多人都侃侃而谈，有理有据。然而，他们说服行为最终并没有取得良好的结果，这是为什么呢？他们的论述的确精彩，论据确实有很强的说服力，但是他们缺乏诚恳的态度，因此最终功亏一篑，导致说服工作以失败而告终。对于说服，也许有很多人都觉得口才好是最重要的。其实，这种观念是错误的。口才再好，也要以诚恳的态度作为基础。如果态度非常地不真诚，那么即使口才再好，也只会给人留下油腔滑调的感觉，招人反感和厌恶。

诚恳的态度，是人与人交流的基础。如果没有这个基础，再好的口才都会变成一种炫技。归根结底，人们交流的目的就是彼此了解，彼此更加和谐融洽地相处。因此，诚恳是交流的第一要素。态度诚恳的交流，能够使说服对象更加安心。试想，如果你面对着一个巧舌如簧的人，还敢相信他的任何话吗？反之，如果你面对一双真诚的眼睛，和诚恳的话语，那么你一定会更觉得安全可靠，心里也会感到踏实起来。所以说，对于说服而言，口才好远远不如态度诚恳更重要。

朱朱和莉莉都是应届大学毕业生，她们是好朋友，常常结伴找工作，一起参加面试。有一次，她们同时接到一家心仪已久的大公司的面试通知，不由高兴得又蹦又跳。为了这次面试能够成功，她们都做了很多功课。在面试之后的一个月，公司打电话来通知莉莉去报到，却没有选择朱朱。这是为什么呢？朱朱很想不通，因为她不但各门学科的成绩都比莉莉好，包括身材气质和容貌，也比莉莉强很多。再回想一下她们在面试过程中的表现，朱朱自觉没有任何地方逊色于莉莉。为了找到自己落选的原因，朱朱再次打电话给所应聘的公司主管。不想主管给出的理由让人难以置信，但是的确又是这个原因导致朱朱落选的。

原来，面试那天，主考官问了大家一个问题：你为什么选择来这个公司？几乎所有人的答案都千篇一律，诸如说公司是著名的品牌公司，有良好的发展前景，可以给员工提供广阔的舞台展示自己等。只有莉莉，没有说这些假大空的套话，而是实事求是地说："因为公司给出的薪水最高，对于一个即将毕业且马上会被父母停止提供生活费的大学生而言，生存下来是最重要的。至于未来能否长远地合作与发展，就要看在工作中磨合的情况。"这个答案，大大出乎主考官的预料。毕竟，不是每个人都有勇气对一家世界五百强的公司招聘主管，说出如此直白的理由。看到其他人各方面条件都相差无几，主考官决定录用最独特也是最诚恳的莉莉。

也许莉莉并不是刻意给出这样一个诚恳的答案，但是恰恰是这份无意之间表露出来的诚恳，才是真正发自内心的诚恳。相比较其他面试者还没有进入公司，就对公司信誓旦旦，莉莉的回答显然更加真实。这个结果显然是让朱朱很意外的，原来，她作好了面试的一切准备，唯独忘记准备诚恳的态度。

莉莉的诚恳说服了主考官，让他最终决定聘用莉莉，给予她机会与公司更好地磨合，寻求长期的共同发展。

在说服过程中，很多人都喜欢运用各种各样的技巧，以显示自己的高超技能。殊不知，再花哨的技能，也比不上诚恳踏实更有效果。从现在开始，在作足说服的准备之后，一定要看看自己是否足够诚恳哦！

互惠心理，让你们彼此相让

何为互惠心理呢？所谓互惠心理，就是指人们对于他人给予自己的善意，也会回报给他人以善意。面对曾经帮助过自己的人，人们会情不自禁地想要帮助他们。甚至是在争辩过程中，如果对方作出了一定的让步，人们也会因为互惠心理的作用，也相应地作出让步，最终促进双方达成一致。这条原则，虽然并非明文规定的，却因为大多数人都受到这种心理的影响，所以为大多数人所接受。

为了验证互惠心理的普遍性，心理学家迈克尔·伍尔科特和菲利普·昆茨于1976年进行了一项著名的实验。他们首先从电话黄页上随机抽取了578个人，然后一一给他们寄出精美的贺卡。结果，这些人在收到莫名其妙的贺卡之后，有100多个人都按照地址回赠了贺卡。为了表示诚意，他们之中还有人在贺卡上附信，表示谢意，甚至附赠了全家福。虽然两位心理学家和这些人从未见过面，也没有通过话，但是他们出于互惠心理，回赠了贺卡。这就说明，在人群之中，互惠心理非常普遍，也因而直接决定了人们因为互惠心理而做出的互惠行为，也是常见的。在谈判的过程中，常常有人运用互惠心理。例如，为了达到自己既定的目的，他们会先提出更为苛刻的条件，在谈判陷入僵局时，再相应地作出让步，其实，让步之后的条件才是他们真正想要的。不过，对方显然不知道他们的意图，在看到这一方作出让步之后，也相应地作出了让步，以表示诚意和感谢。如此一来，谈判剩下的步骤则水到渠成。其实，互惠心理不但可以用于谈判之中，也可以用作一种方法，来说服他人。从本质上来说，说服和谈判有着异曲同工之妙。因此，把互惠心理用于说服他人，照样能达到预期的效果。

周末，小雨和好友一起结伴逛商场，想买几件化妆品。她们挨个儿专柜仔细地观察、比较，最终在两个品牌的化妆品间纠结不定，暂时无法决定选择哪个品牌。其中一个品牌的导购是非常有经验的。她看到小雨的表情，就知道小雨已经快要出手了。为此，她热情地招呼小雨，并且拿出样品让小雨试一试。试用的效果非常好，小雨又因为价格有些纠结。毕竟，这个品牌的化妆品比另外那个中意的品牌，要贵三分之一呢！这时，导购仿佛看穿了小雨的心思，从柜台里拿出十几包小样，对小雨说："美女，你看看，这些小样都是送你的。虽然比较小巧，用起来没有大瓶的顺手，但是小样的容量其实也不小呢。这十几包小样的重量加在一起，都抵得上半瓶化妆品了呢！你放心吧，你从我这里买肯定是最划算的。而且，等你用好了，下次再来买的时候，我会给你申请老客户折扣的。到时候，不但价格便宜，赠品也会更多。"

听了导购的话，虽然目前所能得到的实惠就是这些小样，至于导购承诺的折扣和更多的小样，都要等到遥遥无期的下次，但是小雨还是觉得自己应该买了，否则都不好意思面对热情周到的导购呢！就这样，小雨乖乖地拿出钱包付款，买了化妆品。

在这个事例中，导购就运用了互惠心理。当然，前提是导购看出小雨经过比较，已经到了出手的时机，只不过还稍微有点儿犹豫而已。在导购主动赠送大量小样的情况下，小雨再也抹不开面子走开了，只好乖乖掏出钱包结账。毫无疑问，这个导购是非常精明的，眼光老辣，几乎洞察了小雨的心理。

人，就是这样。即便是对于刚刚认识的陌生人来说，只要交流是相对愉快的，我们就会很快对其产生不好意思拒绝的感觉。试想，对于前一刻还和你谈笑风生的人，你好意思马上板起面孔拒人于千里之外吗？既然如此，那就只能接受对方的好意啦！这就是说服的魅力！

第 03 章

说服对方之前：摸清对方的心理

要想说服他人，不但要知道自己应该怎么说，更重要的是提前摸清楚对方的真实心理。很多时候，我们眼睛看到的和耳朵听到的，都未必是真的。只有我们通过观察，用心体察到的，才是真实的。对于那些蒙蔽我们耳目的表象，我们一定要擦亮眼睛，这样才能练就孙悟空的火眼金睛。

社会认同感对每个人都很重要

在这个社会上生存，每个人都无法享受绝对的自由。我们必须遵守社会的规则，除了满足自身的生存所需外，更高一级的目标是为社会创造价值，赢得社会的认可和尊重。对于每个人来说，社会认同感都非常重要。

纵观那些富豪，很少有人单纯因为钱多而被社会所关注和认同。如比尔·盖茨，作为位于全球富豪榜榜首的人物，他之所以威名远播，是因为他非常热衷于慈善事业，把自己挣来的很多钱都用于帮助那些需要的人。他与妻子还创立了梅琳达·盖茨基金会，持续进行慈善活动，并且将其作为自己的一项事业。当然，世界上有很多这样的人，他们挣钱不是为了自己的享受，而是为了做慈善。诸如股神巴菲特，也把大多数财产都捐献出去，用于助人。这样的人，品格高尚，心怀世界，是值得每个人敬仰的。相比之下，即使一个人创造再多的财富，如果不能很好地回报于社会，就不能获得社会认同感。也正因为如此，很多有钱有权的人热衷于从事慈善，为自己博得社会认同。

最近，保罗正在策划一个公益活动，让全世界的人都关注保护水资源，节约水资源。他还计划在全球很多严重缺水的地方修筑水利设施，这一切都需要大量的金钱。为了募集资金，保罗不但在西方国家四处游说，参加各种富人的集会，以号召他们积极捐款，还在中国四处奔走，希望那些有钱的富商能够为这个公益活动出一份力气。的确，保罗的奔走呼号有了一定的效果，有很多富人都积极地贡献了自己的力量。不过，在和一家大型鞋厂的老板沟通时，保罗遇到了阻碍。

这名鞋厂的老板不明白保罗为什么要组织这样的活动，他说：“这样的活动前期肯定收效甚微，效果也要若干年后才能表现出来，你这么做有什么意义呢，对你个人有什么好处？同样的道理，我捐款对我也没有太大的好处，因为你这不是政府出面牵头的项目，不能给我带来实质性的回报，也不能让我有个好名声。”保罗费尽口舌说服他：“这是造福于子孙万代的好事情啊，我们要在全球各个严重缺水地区修筑水利设施，也包括中国甘肃等水资源匮乏的地区。”老板显然还是不能心甘情愿地掏腰包，他说：“这些，对我来说没有任何好处。”保罗难以置信地说：“难道你这么辛苦地挣钱，不是为了回报社会吗？难道你做好事就一定要索求回报吗？难道你不需要社会认同吗？你知道你现在为什么如此默默无闻，就是因为你没有真心地为社会作贡献。即使偏远地区享受水资源的人们不知道是你提供的资金帮助了他们，你身边的人们也会知道你为了帮助那些人付出了很多。这不是口碑吗？”在保罗苦口婆心地劝说下，鞋厂老板终于意识到这项公益事业的深远意义，慷慨地捐了款。

也许保罗说了很多话都没有打动鞋厂老板，但是当提起社会认同感时，鞋厂老板怦然心动了。的确，他需要好的声誉，需要人们对他的认可和赞赏。很多时候，钱不是万能的，但是把钱花在有用的地方，它能为你带来意想不到的好处。当我们试图说服那些企业老板、名人或者明星，慷慨解囊，帮助穷人或者是有需要的人时，一定要把社会认同感的概念提出来。对于他们之中的大多数而言，社会认同感的获得，远远比金钱更加重要。这也是那些公众人物非常爱惜声誉的原因。

对于默默无闻的小人物而言，社会认同感或许尚未上升到如此的高度。但是对于有着一定社会地位的人而言，社会认同感是非常重要的。如果你想说服他们，不妨以此为由头吧，相信这一定是强有力的理由！

虚荣心也可被巧妙利用

每个人都有虚荣心，虚荣心让人们更加在乎自己的面子，也更加在乎别人对自己的看法。虽然很多时候虚荣心会让人陷入贪婪的欲望中，但是有些时候虚荣心也是一种动力，促使我们更加努力地生活，以便以光鲜的形象出现在人们的视野里。那么，在说服的工作中，虚荣心有何作用呢？

其实，很多人爱慕虚荣，并非体现在生活的各个方面，而是会有所侧重。例如，有些人非常在乎金钱，有些人看重权势，有些人喜欢穿漂亮的衣服，有些人则只是希望在任何人眼中都呈现完美的自己。如果你能把握一个人的虚荣心侧重于哪个方面，那么你就可以利用他的虚荣心，让他乖乖地被你牵着鼻子走。既然如此，说服自然是水到渠成的。要想了解一个人的虚荣心表现在哪些方面，只需要与他展开交谈，看看他谈话中以哪些方面为自己所擅长的。从本质上来说，虚荣心是过度的自尊心。真正的自尊，是不卑不亢，是不管何时都自己尊重自己。但是，一旦自尊心过度，变成虚荣心，人们就会虚张声势，即使能力所不及，也要伪装出样子来吸引别人的眼球，让别人羡慕他。对于虚荣心很重的人，当你毫不吝啬地夸奖他，即使他心里知道自己并不能得到你所夸奖的样子，他也会打肿脸充胖子，竭力变成你所夸奖的样子。这就是虚荣心在作祟。日常生活中，被虚荣心绑架的事例屡见不鲜，聪明的销售人员也常常会巧妙利用人们的虚荣心，让人们乖乖掏出钱包。例如，你去商场买衣服，刚刚走进一家店铺询问一件衣服，销售人员就会夸你肤白貌美，说你最配这件衣服。尤其是当你在虚荣心的驱使下走进试衣间，销售人员更会不遗余力地夸赞你，最终以虚荣心逼迫你买下这件衣服。实际上呢，你也许心里觉得这件衣服很普通，但是你不想销售人员收回那些夸赞你的话。所以，你只能选择让钱包瘦身了。美国作家马克·吐温曾经写过一篇叫《羊皮手套》的讽刺小说，入木三分地揭示了人们被虚荣心绑架的尴尬。

有一天，船停泊在岸边，主人公和两个朋友结伴来到广场。在这里，他们和将军、法官等人不期而遇。原来，将军一行人正要去法院旁边的商店，因为他们听闻那个商店里有款式精美的羊皮手套，质地非常好，价格也不算昂贵。听到羊皮手套这么好，主人公和朋友也决定去那家商店，看看能否买到合适的羊皮手套。

他们在店里巡视一圈，羊皮手套的款式的确很多。这时，一位美丽的销售员拿出一副羊皮手套给主人公。这副手套是蓝色的，主人公不太喜欢蓝色。不过，美丽的销售员说："先生，我觉得蓝色是最配您的颜色。你看看，你的手指这么白皙细长，戴着蓝色的手套显得非常高贵。"主人公有些心动了，他用眼角的余光瞥了瞥自己的手，居然觉得自己的这双手真的应该戴蓝色的手套。

他先是拿起手套准备戴在左手，然而，他有些尴尬，因为这只手套太小了，他那大大的手很难塞进去。这时，销售员赶紧说："啊，这副手套简直是为您量身定做的，您看看，大小多么合适啊！"他只好更努力地戴手套，遗憾的是，手套依然不贴合手部的线条。这时，销售员又微笑着说："您一定出身高贵，经常戴羊皮手套吧。看看您，戴手套的动作都这么娴熟，根本不像那些从未戴过羊皮手套的乡巴佬，笨手笨脚的。"听到销售员的赞美，他意识到自己只能尽力把手套戴好。然而，咔嚓一声，手套居然开裂了，从拇指根部到掌心，出现了一条裂缝。这时，销售员继续不遗余力地给他说好话。他想：我只能装作戴着手套很合适。

突然，手套的手背部位也开了个缝，销售员却依然不吝啬赞美之词。她甚至信誓旦旦地说："放心吧，这个手套的尺寸特别适合您。如果崩坏了，您一分钱也不用付。"就在她说完这句话时，主人公感觉手套的横里也因为压力绽裂了，随后，手指关节处也有了裂口。毫无疑问，在销售员的溢美之词中，这副手套已经变成了让人难堪的破烂。但是，他不好意思把手套扔给销售员，否则就意味着他是从未戴过手套的乡巴佬，也没有白皙细长的手指，更不是高贵的贵族。思来想去，他只好说："嗯，这个手套的确很不错，做工精细，皮质也很细腻。店里太热了，闷得我喘不过气。我还是去先付账，等到了街上再戴另一只手套吧。"说完，他掏出钱包付了账，甚至都没有讨价还价。离开时，他真的像个贵族一样，给美丽的销售员鞠了个躬。当他好不容易走到街上，回头看去，发现那个美丽的销售员正在捧腹大笑。他不敢直接把手套扔在门口的垃圾桶，又走了一条街，才找个垃圾桶扔掉。

看到主人公的尴尬，很多人也许会想不明白：手套根本不合适，销售员也说了崩坏了不要钱，为何还要付钱买一副破烂手套呢？这就是虚荣心在作祟。其实，不仅主人公的虚荣心是如此，很多人一旦被虚荣心绑架，就也会做出这种让人啼笑皆非、百思不得其解的事情。正是因为抓住了主人公的虚荣心理，销售员才不费吹灰之力，就让他买了这副手套。这就是在说服中灵活运用他人虚荣心理的典型例证。

生活中，有很多时候我们都过于在意他人的眼光，在乎他人的评价。其实，日子归根结底是自己的，我们应该更加注重内心的感受。虽然我们要尝试着利用虚荣心去说服他人，但是同时也要摆正心态，谨防他人利用虚荣心来说服我们。这样，才能最大限度地说服成功。

多数人都难逃从众心理

所谓从众心理，顾名思义，就是指在社会群体的压力下，个体会不知不觉间或者身不由已地选择与大多数人保持一致。在民间，这种现象叫作“随大流”。实际上，这是心理学范畴的命题，是由人们的从众心理导致的。人总是害怕孤独，如果面前有两条路，当看到身边的人们都一哄而上走其中的一条路时，即使心里觉得应该选择另一条路，也会因为脱离众人产生的不安，而选择从众。一般情况下，人们有一种心理定势，即缺乏自信，总觉得大多数人都做的事情总没错。拥有从众心理的人，往往不会进行独立的思考，而是不假思索地选择跟随众人作出选择。这样的从众心理显然是盲目的，也是消极的，并不可取。即便如此，生活中依然有很多人都在盲目从众。

为了验证从众心理的普遍性，学者阿希曾经专门进行过实验。在受试者中，高达三分之二的人都发生了从众行为，只有少部分人保持了自己的独立性，没有盲目从众。由此可见，从众心理在人群中非常普遍，几乎会影响所有人。这个实验也很好地解释了生活中的从众现象，例如，一家烤鸭店开业大酬宾，烤鸭打五折出售。原本很多人都不知道这个消息，但是因为路过烤鸭店时看到门口有很多人在排队，他们便凑上前去一探究竟。听说烤鸭打五折，他们也马上跟着人群开始排队。如此一来，人越聚越多，烤鸭简直供不应求。这其实是商家抓住人们的从众心理，展开的营销策略。在最初排队的人中，也许有些人根本不是真正的顾客，而是商家雇来制造人气的群众。

既然从众心理的威力无穷，在说服他人的过程中，我们也可以运用从众心理对人的影响，暗示人们应该从众。由此一来，说服对象就会在不知不觉间作出选择，说服的目的也能马上达到。

20世纪80年代，人们的工资普遍还很低。当时，商场也不像现在这么多，商品相对较少。因此，有很多卖东西的人都是走街串巷，送货上门任人挑选。

一个秋日的午后，小贩挑着两箱缎面床单沿着大街小巷叫卖。听说是缎面床单，李楠走出去叫住小贩，想要看一看。这时，左邻右舍也出来了，大家围在一起鉴赏床单。床单不错，但是价格显然太高了。小贩要五十元钱一床，这可是将近半个月的工资呢！李楠想买，便想方设法地压价。她皱着眉头说："你这床单不够细腻，太贵了。"小贩当即反驳："我这床单可是好东西，面料绝对没得挑。就你们这个院子一进门那家，买了三床呢！"李楠知道，小贩说的是他们单位的供销科长家。供销科长居然买了三床，看来床单的确还是不错的。

这时，她又问："多买几床能便宜吗？你这走街串巷的，也没有房租等费用，全都是利润。"小贩看到李楠动了心思，赶紧趁热打铁："你要是买五床，我就给你优惠到每床三十元。不过，估计你也买不了五床。"说着，小贩的神色变得有些鄙夷。毫无疑问，小贩的激将法起到了用处，李楠马上反唇相讥："你怎么知道我不会买五床。这样吧，你要是每床二十元，我就买五床。"在一旁的邻居听到之后，也马上表示出浓厚的兴趣，说："小李，你买吧，买了转给我两床。"看到邻居也想要，李楠更加有信心了：既然大家都想买，说明床单的确很好，而且价格也不贵。因此，她不遗余力地和小贩讨价还价，最终以每床二十元的价格买了五床床单。虽然小李觉得价格不贵，但是小贩一下子卖出这么多床单，显然也不亏。他高高兴兴地挑着担子走了。

在小贩的营销策略中，就运用了从众心理的说服法。他首先告诉李楠门口那家买了三床，这样一来，李楠就意识到床单的确质量不错。后来，在一旁的邻居也间接起到了推波助澜的作用，让李楠买了之后转两床给他。由此一来，从众心理正式形成，李楠放心地和小贩砍价，确定要买床单。小贩就这样不动声色地用从众心理，说服李楠买了他的床单。

在生活中，这种情况很多。例如，在马路上过路口时，明明是红灯，但是因为看到大家都在过马路，原本想等绿灯再过马路的人便也会跟着闯红灯。相反，如果大家都在等绿灯，没有人闯红灯，那么也不会有人闯。既然从众心理在生活中无处不见，那么你作好准备运用从众心理说服他人了吗？如果能够掌握这个技巧，你的说服工作一定会马到成功，事半功倍的！

察言观色，才能深入心扉

人与人交流的时候，需要语言作为媒介，表达自己的思想、观点等。很多时候，语言无法表达的微妙内容，人们也会通过神色等表达出来。如果我们想要说服一个人，那么不仅要认真倾听他说了什么，更要细心观察他的神色，看看他的内心究竟是怎么想的。这样，我们才能更加深入地洞察他人心理，从而为自己的说服工作做好铺垫工作。

一位40岁左右的男性带着满头银发的老人来到展厅，驻足在瓷砖的展柜前。正在观看的时候，中年男性手机响了，便踱步到一边接电话。这时，老人继续看瓷砖，在徘徊几圈之后，终于在一款名为“春江花月”的瓷砖展架前站住了。她凝神细看，还不时地用手抚摸瓷砖。这时，在一旁观察许久的导购员晓萌走过去，热情地和老人打招呼：“阿姨，您好，这款瓷砖叫‘春江花月’，气质高雅，非常适合您。”老人冲晓萌笑了笑，说：“的确不错，各个方面都很好，就是价格太贵了。”晓萌说：“阿姨，您看看，您都辛苦一辈子了，现在想为自己挑选一款中意的瓷砖，千万不能贪图价格便宜。毕竟，谁家也不会天天换瓷砖啊，只有选择您喜欢的瓷砖，你每天看着心情才会舒畅呢！而且，这款瓷砖质量也是特别好的，保证您买了不会后悔。”阿姨又摩挲瓷砖，连连点头。

这时，中年男人接完电话走过来，也看着妈妈看的那款瓷砖。晓萌赶紧向他介绍：“先生，您好。这款瓷砖阿姨很喜欢，已经站在这里看了很久。”这时，中年男人脱口而出：“瓷砖是不错，但是价格太贵了。”晓萌细心地观察到，阿姨虽然没说话，但是微微皱起了眉头。这时，晓萌对中年男人说：“这位先生，可否借一步说话呢？”晓萌引中年男人来到休息区，对他说：“您好，我看您母亲很喜欢这款瓷砖，已经看了很久，而且对釉色和花色都特别满意。您一定非常孝顺，所以才亲自陪着母亲来挑选瓷砖。我想，您一定是想买一款让母亲满意的瓷砖。虽然买其他瓷砖能节省一部分钱，但是我觉得母亲的开心才是您最愿意看到的。”晓萌说完之后，看到中年男人没有反对，趁热打铁地说：“你把家庭住址和手机号留给我吧，我来给您安排送货。”就这样，晓萌很轻松地就做成了一单生意。

在这个事例中，晓萌察言观色的本领帮助她成就了这一单。她一眼就看出中年男人是陪着母亲来挑选瓷砖的，而且是由他出钱。这样一来，就不难了解他的初衷：自己出钱买一款母亲喜欢的瓷砖。通过继续观察，晓萌又发现母亲很喜欢这款瓷砖，因此私下劝说中年男人多花一点儿钱换得母亲的高兴。这样皆大欢喜的结局是每个人都愿意看到的。最终，晓萌通过察言观色，灵活机动地分别和母亲、儿子做工作，说服了这对母子，成功签约。

在生活中，需要我们察言观色的情况很常见。虽然语言完全可以表达我们细腻的心思，但是有很多微妙的感情依然很难体察。只有细致入微地观察他人，洞察他人的心理，我们才能更好地说服他人。

肢体语言表现心理细节

也许在语言交流过程中，我们可以组织语言，让语言具有一定的蒙蔽性，表达我们最想表达的一面。然而，我们很难改变我们的肢体语言，因此，肢体语言就成为暴露我们心理变化的最直接表现。很多经验老到的谈判者，在谈判桌上也许会不在乎对手说什么，但是一定会万分留意对手的肢体语言。可以说，肢体语言表现出来的是无法掩饰的内心。

当你想要说服一个人时，如果你通过交谈等方式都无法了解他的内心，甚至他的神情都始终保持冷漠，那么，你就要留心他的肢体语言。只要你坚持观察，相信一定会有所收获。很多时候，肢体语言表现出来的是心理的细节，是很微妙的心理动态。不管是对于说服工作，还是对于谈判工作，在白热化阶段这都是至关重要的，甚至直接决定了交锋的成败。

那么，生活中有哪些肢体语言呢？粗略地说，身体的一切动作都可称为肢体语言。例如，有些人喜欢双臂环绕，向他人传达出高傲冷漠和不屑一顾的感情；有些人与人交谈时，习惯于身体前倾，这意味着他对谈话很感兴趣，不愿意错过每个词语；相反，有些人听别人说话时把身体靠在椅背上，甚至眼神游走不定，则意味着他对谈话感到厌倦，丝毫没有兴趣，这时说话的人应该尽快结束交谈……这些，都是肢体语言。细心的人会发现，身体的很多动作都能折射出一个人深层次的心理，必须认真对待，才能洞察他人的内心。当然，如果对肢体语言了解充分，甚至有可能运用肢体语言，帮助自己获得说服工作的成功。

美丽代表公司与外方代表进行谈判，针对未来的合租商榷很多细节问题。这次谈判至关重要，将会直接决定他们的合作能否长远，是否愉快。当然，谈判是剑拔弩张的过程，双方都想占据主导地位，逼迫对方答应己方的条件。在谈判进行到第三天时，双方就很多条件都已经达成共识，却在一个问题上卡住了。

美丽知道，胜败在此一举。此时的谈判不再是语言的交锋，而是心理的博弈。原本坐在外方代表身旁的美丽，故意打了个哈欠，和助手调换了座位。这个看似漫不经心地举动，让外方代表大为惊讶，因为他们对美丽这个举动的理解是：她已经对这个项目的谈判感到厌倦，不想再继续进行下去，这也就意味着前面的一切努力都有可能白费。在外方代表团犹豫不定的时候，美丽居然拿着签字笔玩了起来。签字笔在她手上画起了圆圈，她的动作那么娴熟，似乎现在唯一的任务就是专心致志地玩转这支笔。很快，外方代表就作出了让步。美丽非常高兴，当即安排晚上的签约仪式。事后，参与谈判的同事都觉得美丽如有神助，居然一言不发，就迫使外方代表让步。美丽心知肚明：她已经用肢体语言向外方代表传达了心意，迫使外方代表情急之下不得不接受她的条件。这就是说服。

当说服出现在谈判桌上，总是带着些许的硝烟气息。这样的说服不是美好的，更不会和谐融洽，而是谈判双方实力的较量和心理的博弈。在进入胶着状态时，美丽不得不使出撒手锏，让外方代表明确她的态度。美丽的肢体语言明确地向外方代表传达出一种信息，即我不想再继续这样没有结果的谈判，如果不能尽快作决定，就结束吧！外方代表当然不想让自己这几天的努力都白费，因此只好作出让步，美丽用肢体语言迫使外方驯服的计谋得逞了。这无疑是用肢体语言展开攻心战，说服对方的完美事例。

不管是在生活中还是在工作中，人们经常会遇到需要说服他人的时候。当不想使气氛剑拔弩张，又想成功说服对方时，不如就采取这种肢体语言的战术，暗示对方接受你的条件。这样的说服，不动声色，却颇有成效。

锣鼓听声，听话听音

民间有句俗语叫，“锣鼓听声，听话听音”。这句话的意思是说，听别人说话时，不要仅仅理解他的字面意思，而应该通过他的语气、神情，再结合说话的具体情境，了解他的真实意图。中国汉字博大精深，虽然是相同的词语，用在不同的地方却会产生完全不同的意思。例如，“宝贝，我为你感到骄傲！”“孩子，你千万不要学习骄傲的小公鸡啊！”这两句话里的“骄傲”，意思完全不同。这仅仅只是最简单的区别。还有些话，必须结合说话时的情境，以及说话者的腔调、语气等来分析其中蕴含的意思。只有深入了解语言的特性，在想要说服他人时，我们才能从字面理解他的深层意思，从而更好地把握其心理。

眼看着就要过春节了，李渡家里又展开了一场没有硝烟的战争。原来，李渡和他的妻子张瑜不是一个地方的人，李渡的老家在内蒙古，张瑜的老家在广州。为此，每年春节即将到来时，他们都面临一个莫大的难题：去谁家过春节。毫无疑问，两边的老人都想守着孩子过节，但是这么遥远的距离导致他们根本不可能在春节假期里带着孩子跑两个地方。因此，他们必须取舍。

李渡对张瑜说：“宝贝，听话啊，我爸爸妈妈年纪大了，我爸身体也不好。最主要的是，我爷爷今年还过八十大寿。你就和我回家吧，让我爷爷高高兴兴地看着他的重孙子，过大寿。”不想，张瑜丝毫不为所动，她揶揄地说：“去年就是在你家过的，你好意思说吗？你爷爷年纪大了，我奶奶还很年轻，就像是十八岁的小姑娘一样还能再活一个八十岁呢！我爸妈两年没看到孙子了，也不想，反正每天打个电话就行了嘛！”听了张瑜的话，李渡感受到了张瑜的不满，想想去年就是回内蒙古过年的，他突然不好意思再强求张瑜了。

他试探着和张瑜商量：“那么，要不这样吧，你带着孩子回娘家，我回内蒙古给爷爷过个寿。”显然，这个方案也无法让张瑜满意，她冷嘲热讽地说：“好啊，索性从今年开始咱们就分开过年得了。回我家如果别人问起，我就说离了；你回你家呢，要是别人问起，你也说离了。”李渡满脸尴尬，只好乖乖地定了全家人去广州的机票，陪着张瑜和孩子回广州过年。

原本，李渡想要说服张瑜，陪他回家过年。不想，张瑜冷嘲热讽，正话反说，诉说了自己心中的不满。她的诉说让李渡无话可说，也不好意思继续说服张瑜，只好主动缴械投降，当了张瑜的俘虏。很多时候，人们说的事情并不是真的想要表达字面的意思，只是借以表达内心的不满，又不至于伤了和气。

聪明的你们，在说服的过程中，也可以借鉴张瑜的做法，灵活运用语言，帮助自己争取一定的福利，也让对方在嬉笑中被你降服。

语速的变化难掩内心的波澜

在语言交流过程中，能够传达给我们信息的不仅是语言本身，很多时候，语气、语速等，都能传达给我们信息。因为语言的可组织，所以语言时常会经过伪装。语气呢，也会因为说话的人可以控制情绪，而没有那么显眼。最容易表露说话者内心蛛丝马迹的，是语速。语速的变化，往往显得不那么明显，却能表现出说话者内心深处正在掀起的波澜。

例如，语速慢而沉稳，说明说话者内心平静，情绪稳定；语速突然放慢，意味着说话者内心正在思考什么问题，因为分神，所以语速情不自禁地减慢；语速突然加快，意味着说话者情绪产生波动，变得激动、紧张或者斗志昂扬；语速如果突然断断续续，那么也许是因为说话者不知道应该如何组织语言，也是由于内心波动引起的。总而言之，语速的任何变化，都代表着说话者内心不同的状态。如果能够洞察这一点，我们就能更好地洞察说话者的心理，从而更好地开展说服工作。

阿朱一直暗恋同事小米，细心的马大姐发现，平日里非常健谈、妙语连珠的阿朱，一旦看到小米，立马就会变得结结巴巴，面红耳赤。马大姐是个好心肠的人，看着这两个来自异乡的年轻人都独自漂泊在外，便有了为他们牵线的想法。阿朱的心思很好打探，当马大姐和他说出要给他做媒介绍小米时，他马上就当着马大姐的面高兴得一蹦三尺高。但是，让马大姐感到为难的是小米。小米是个内向而又害羞的女孩，平时很少说话，见人总是低着头。马大姐担心，小米不会把自己的心意完全说出来。

一个周末，马大姐邀请小米去她家里给孩子补课，小米当然乐意帮忙。中午吃完饭，马大姐和小米聊了起来。原来，小米虽然内向，但是也是很健谈的。她和马大姐无所不谈，甚至讲了很多家里的事情。这时，马大姐找到时机，问小米："小米，你有对象吗？"小米害羞地摇摇头。马大姐继续问："那么，你愿意找个同事当男朋友吗？"小米有些犹豫说："在一起工作，好吗？"马大姐毫不迟疑地说："当然好啊！首先，都是同事，彼此了解；其次，也可以一起奋斗，在这里安家立业。"这时，小米才害羞地点点头，说："可以考虑。"马大姐趁热打铁，说："你觉得阿朱怎么样？”不想，一听到阿朱这个名字，小米突然紧张起来，她磕磕巴巴地说：“啊……阿朱啊……我……我……”马大姐紧张地观察小米的表情，发现她并没有表现出排斥的样子，而是满脸娇羞，马上就明白了小米的心意。她问小米：“你是不是也喜欢阿朱？”“不不……不……他是大学生，我只是个打工妹……”小米不知所措地说。马大姐笑着说：“这可太好了，阿朱很喜欢你呢！”

在这个事例中，马大姐原本以为说服小米需要一定的过程，不想，小米的语速突然变化，暴露了她的内心。原来，她也是喜欢阿朱的。这让马大姐喜出望外，直接就把阿朱喜欢小米的事情告诉了小米。到此，马大姐的说媒工作告一段落，剩下的就看阿朱和小米的相处是否顺利了。

在日常生活中，每个人每天都要与人交流。如果在交流的过程中多多留心对方的语速，那么对方的细微变化就会被我们看在眼里。由此一来，我们便更容易把握对方心理，也更容易说服对方。

第 04 章

取得对方信任：具有说服对方的可能性

无论你是巧舌如簧的说客，还是思维清晰、词能达意的演讲家，抑或你只是一个普通人，要是想说服对方，首先都应该赢得对方的信任。举个比较极端的例子来说，面对一个骗子，即使他说得天花乱坠，你能相信他的话吗？相反，如果和你说话的人是受人尊重且敬仰的老师，那么你一定会相信老师的话。这就是说服他人至关重要的一点：赢得他人的信任。

背后夸奖的效果超出你的想象

每个人都想得到他人的夸奖。很多人之所以愿意帮助他人，愿意努力地工作，就是想得到他人的认可和夸奖。面对批评，我们也许会警醒，也许会因此而一蹶不振；面对夸奖，我们只会更加充满干劲，把某件事情做得更好。这就是夸奖的魔力。批评也许会做错，但是夸奖永远不会错。既然如此，我们为什么不多多夸奖他人呢？曾经有位名人说，如果你想让一个人变成你所期望的样子，那么你就常常按照你期望的样子夸奖他，时间长了，他就真的会成为那样的人。这就是夸奖的力量。此时此刻，你要忙着去夸奖别人吗？先别急，夸奖也是要讲究技巧的呢！

夸奖他人时，一定不要空泛。很多人夸奖他人根本不是出自真心，而只是敷衍了事。诸如“你真棒”之类的话，说一次两次就够了，说得太多，只会让人感到假大空。夸奖，应该切合实际，并且说得具体生动。其次，当面夸奖不如背后夸奖，这也是我们这一篇里重点要说的。当面夸奖别人难免有时候是因为虚情假意，因为当着别人的面总要说些让人高兴的话，甚至会夸大别人的优点，以博得别人的欢心。然而，背后夸奖则不同了。所谓背后夸奖，即你在夸奖某人时，他根本不在场。由此可以分析推断，你没有必要在背后取悦他人，那么你一定是真心觉得他人很好，才会在别人面前夸奖他。从某个角度来说，这样的夸奖含金量更高一些，也更令人信服。既然如此，我们为什么不用背后夸奖的手段来说服他人呢？这样去做，显然会使说服工作变得更加简单，也更加自然。

作为部门经理，张雪发现她的下属李娜最近表现出想要离职的状态，工作上远远不如以前那么用心，每天都是当一天和尚撞一天钟。作为销售人员，张雪很清楚李娜也许并不是真心想要离职，只是处于疲惫期，找不到更好的工作状态，所以才动了离职的心思。如何才能留住李娜呢？像她现在这样心不在焉的状态，单纯的说服显然无法达到很好的效果。张雪想留下李娜，因为李娜在工作上的表现一贯都很好，现在只是到了很多销售人员都会经历的疲惫期而已。只要顺利度过这段时间，她还会继续优秀下去的。

思来想去，张雪想出了一个好办法。有一天，她刻意和杜丽一起吃午饭。杜丽是李娜工作上的搭档，私底下她们的关系也很好。吃饭时，张雪和杜丽闲聊着。突然，她佯装无意地说："杜丽，你马上需要找新搭档啦。""为什么？我和李娜合作很好啊！""李娜的确很优秀，在我当职业经理人的这十年来，她是我见过的最优秀最有发展潜力的销售人员。所以呢，我准备过段时间提升她当部门主管。到时候，你再找个新搭档。放心吧，等李娜平步青云，坐到我这个位置时，你一定会被提拔成为部门主管的。你们两个人平日里合作很愉快，希望以后也是彼此扶持的上下级呢！"杜丽听说李娜要被提升了，很为好朋友高兴。刚刚吃完饭，她就去找李娜，把张雪夸奖李娜的话，一字不落地告诉了李娜。李娜很惊讶，因为她从来不知道自己在领导心里这么优秀。这时，她暗暗地想：我一定要继续努力，争取早日得到提升，也算不辜负领导的赞誉之词。

就这样，张雪通过杜丽的嘴巴，间接地挽留了李娜。让她欣慰的是，她的说服达到了预期的效果，李娜一改颓废的工作状态，满血复活。她不但每天都辛苦地工作，还更加主动地承担了部门里的一些事务。看到李娜的改变，张雪高兴极了。这就是背后夸奖的力量，当你的夸奖通过一个人的嘴巴传到了被夸奖者的耳朵里，这份夸奖的力量至少扩大了十倍。

朋友们，你们是不是也想说服一个人变成你所期望的样子呢？不如找找他最亲密的人，在这个人面前不遗余力地夸奖他吧，这样，他在听到夸奖的时候一定惊喜万分，而且浑身都会充满了正能量。说服的方法有很多，这一招你掌握了吗？

一诺千金，帮你树立威信

如果一个人巧舌如簧，说起承诺就像是在说话一样滔滔不绝，却在三分钟之后彻底把自己的话忘掉，更别说主动兑现承诺，你还会信任他吗？如果一个人平日里沉默寡言，说起话来却一字千金，总是一个萝卜一个坑，把自己说过的每句话都记在心里，努力兑现，那么你愿意信任他吗？毫无疑问，你一定更愿意信任第二种人。由此，当第二种人试图就某个问题说服你时，难度会比第一个人小很多。由此可见，要想说服他人，一定要树立自己的威信。兑现承诺，就是树立威信的方法之一。

所谓承诺，就是人们亲口说出来并且保证一定会做到的话。看似轻飘飘的两个字，说起来也很简单，真正兑现承诺却很难。不但需要我们有着守信的良好品质，也要求我们必须有着足够的勇气战胜兑现承诺过程中遇到的重重困难，从不放弃。当你真的兑现承诺，就会发现你拥有了威信，在所有人面前，说话都铿锵有力。这是一个试图说服他人的人，必须具备的品质。

公元前361年，秦孝公即位。他招揽贤才，不管是秦国人，还是其他国家的人，只要有能力，都封官加爵。秦孝公的这个举措，吸引了很多才华横溢的人来到秦国，卫国的贵族商鞅也在其中。商鞅在卫国始终得不到重用，在他人的引荐下，得以面见秦孝公。商鞅说："国家要想富强，必须重点扶持农业发展，激励将士；要想把国家治理好，朝廷必须赏罚分明，树立威信。这样，才能进行改革。"秦孝公连连点头称是，但是，却迫于贵族和群臣的反对，变革的事情暂缓下来。直到两年后秦孝公王位稳固，才再次提起变革的主张。

得到命令后，商鞅当即开始起草改革的法令。因为担心自己在老百姓心中缺乏威信，导致新政不能顺利推行，商鞅想出了一个好办法。他派人在城南的大门外树立了一根木头。这根木头足足有三丈高。商鞅还在旁边的城墙上张贴告示："谁把这根木头扛到北门，赏十两黄金。"人们围着木头七嘴八舌地议论着，都不相信只需要把这根木头扛到北门，就能得到十两黄金。他们都觉得商鞅是在捉弄大家，开玩笑呢！人们大眼瞪小眼，没有一个人上去扛木头。商鞅知道百姓不相信他的话，因此把赏金提高到五十两。不想，百姓们更加质疑了，依然没人去扛。就在大家议论纷纷的时候，一个身强体壮的年轻人从人群中跑出来，说："我来试试吧，即使没有赏金，也不损失什么。"说着，他扛起木头就朝北门走去。此时，商鞅正在北门等着呢！看到年轻人扛来木头，他当即让下人奉上五十两黄金，围观的百姓简直惊呆了。

这件事情让秦国上下举国震惊。百姓们全都对商鞅竖起了大拇指，说："商鞅说到做到，真是一诺千金啊！"至此，商鞅知道时机已经成熟，他在百姓之中已经树立了威信，因此趁热打铁，把新法令在全国公开。新法令赏罚分明，即使对贵族和大臣也一视同仁，让百姓们全都拍手称快，积极拥护新法令的推行！

要想推行新法令，商鞅就必须取信于民，这样才能说服百姓相信他的新法令。商鞅非常明智，在广大百姓面前证明了他的品质：说到做到，一诺千金。这样一来，百姓看到新法令中赏罚分明，且贵族和大臣都与百姓一样待遇，自然非常拥戴商鞅。由此，商鞅的变法正式获得成功，秦国也在新法令推行之后越来越富强，国泰民安。

在生活中，我们很多时候都需要说服他人。如果我们没有威信，他人就很难听从我们的话。不妨借鉴商鞅的做法，先以某件事情树立威信，然后再说服他人，这样就能一呼百应，水到渠成。

赢得尊重，才能收获信任

人和人交往的基础，是尊重。只有在尊重的基础上，人们才会彼此信任，交往才会更加融洽愉快。尤其是当我们试图说服他人时，更应该尊重他人。没有人愿意被颐指气使的人说服，只有当对方表现出足够的尊重和诚意，我们才会更加乐于接受他们的意见和建议。由此可见，要想说服他人，千万不要带着居高临下的不屑一顾，即使你认为对方的观点很愚昧，你也应该在尊重对方的基础上，平等地与对方交流，阐述你观点的可行性。由此一来，对方才会打开心扉，接纳你。

尊重他人的人会带着温和的态度与人交流，这样的温和引导，能够让谈话朝着他所期待的方向发展。就像从事推销工作的人们一样，即便他们认为自己的产品完美无缺，也不能像施舍乞丐一样喝令顾客购买。归根结底，顾客需要的是引导，而不是命令；顾客需要的是尊重，而不是施舍。所有的说服，都只有以足够的尊重为前提，才能更加顺畅地开展下去。从另一个方面来说，前文我们已经说过，说服的核心在于赢得对方的信任。那么，信任的基础是什么呢？也是尊重。我们不会信任一个不尊重我们的人，只有在谈话氛围愉快的情况下，我们才会选择信任一个或者陌生或者熟悉的人。尤其是在初次见面或者不够熟悉的情况下，尊重和信任显得更加重要。

尊重体现在哪些方面呢？尊重，首先要倾听。虽然我们在说服的过程中扮演着说客的角色，但是我们首先要做的是耐心倾听。尊重，还表现在平静接受他人的选择。举例而言，最近某城市新房市场炙手可热，甚至出现一房难求的情况。那么，作为新房销售人员，他们能够因此就瞧不起那些一天之中去售楼处几趟的顾客吗？当然不能。一名优秀的销售人员，依然会耐心地倾听客户的诉求，帮助客户分析买哪种户型和楼层更加合适。此外，当顾客最终选择放弃购买，转向其他楼盘时，他也应该表示理解，并且给予顾客最诚挚的祝福。这样的销售人员，才可能与顾客成为真正的朋友。他不但尊重客户，也会赢得客户的尊重和信任，使得未来一旦有机会合作，合作必然是愉快的。

有一次，保险推销员亨利去食品厂老板保罗的办公室进行拜访。保罗很想了解亨利的保险计划书，因为他恰巧近期的确有购买保险的计划。当他们愉快地交谈进行到一半时，保罗开始谈论自己的女儿。他一直视女儿为骄傲，她的女儿是学习法律的，正在读法学博士，即将毕业。因此，他的脸上洋溢着骄傲的笑容。这时，亨利被办公室外的笑声吸引了。好像有个职员过生日，买了蛋糕请大家分享，因此，办公室外不但有笑声，还有唱歌的声音。亨利当然知道这个时候走神是不礼貌的，所以当保罗说起她女儿毕业后的规划时，亨利不停地点头叫好。他以为这样做保罗就看不出他走神，其实，保罗当然知道亨利没在听他说话。当亨利回过神来，保罗也说完女儿的事迹，亨利自然想回到正题。但是，这时他意识到自己犯了一个致命的错误：保罗的态度明显变得冷淡。亨利意识到出了什么问题，保罗却直截了当地站起来，下了逐客令："好吧，我今天还有事情，咱们再联系吧！"说完，保罗站起来径直走出办公室，只剩下亨利一个人呆呆地站在办公室。亨利沮丧地离开保罗的办公室，直到晚上也没想明白问题出在哪里。深夜时分，他按捺不住，给保罗打了个电话，想问问为什么愉快的交谈最终却不欢而散。

保罗冷淡地说："问这个问题有什么意义呢？"

亨利诚恳地说："我想知道自己哪里需要改进。"

保罗这才以抱怨的口吻说："当我骄傲地说起我的女儿，也就是这次保险的受益人，你却只顾听办公室外面无聊的笑声。我感觉自己没有得到你的尊重。"

亨利这才知道自己的走神都被保罗看在眼里，他非常愧疚，并且真诚地向保罗表示了歉意："我很抱歉，我做出让您感到不满意的事情。我的确不配得到您的信任，我知道，您很为您的女儿骄傲，她的确非常优秀。谢谢您告诉我我的不足，我一定会努力改进，提升自己。希望有一天当我足够优秀时，还能得到您的青睐，与您愉快地合作。"直到一年之后，亨利才从保罗那里得到订单。

如果不是亨利在保罗说到让他骄傲的女儿时候走神了，没有给予保罗足够的尊重，他原本可以在谈话结束时就顺利拿到这张订单。如今，一切都晚了。因为这次的失误，他不得不用长达一年的时间弥补自己的过失。由此可见，在你想要说服他人时，认真倾听是多么重要。

不管我们面对的是像上帝一样高高在上的顾客，还是身边的亲人，抑或只是一个普通朋友，只要我们想说服他，就必须给予他足够的重视和尊重。这样，他才会信赖你，继而接受你的观点，采纳你的建议。这是说服的秘密。

沉默，让你更加一字千金

提起沟通，大多数人马上就会想到翕动的嘴唇和比划着的双手。的确，语言和手势是我们沟通时最常用到的。很多人在沟通时都害怕冷场，很担心彼此相对两无言的尴尬时刻，却不知沉默也是一种沟通。不需要语言，也不需要任何手势，也许会让眼神当配角，沉默就这样站在沟通的舞台上。相比起两个人互不相让，争得面红耳赤，最终带着恨不得一辈子再也无须相见的愤恨表情离开，沉默也许是更加和谐友爱的场面。要想避免决裂的情况发生，办法非常简单，即其中一方主动保持沉默。语言往往带着我们冲动的情绪喷薄而出，肆无忌惮挥动的双手甚至会误伤他人。只有沉默是理性的，能够帮助我们找回平静，恢复理智。关于沉默，美国加州大学的心理学教授古德曼说：“要想调节表达和倾听的节奏，必须用到沉默。如果交流之中没有沉默，就只能半途而废。”

这是沉默在交流中的神奇作用。有的时候，它的魔力远远不止于此，因为它还能说服他人，比语言的说服效果更好。无声的沉默居然比有声的语言更具有说服力，不管你信不信，这都是毋庸置疑的事实。

在发明自动发报机后，为了筹集资金建立实验室，爱迪生决定卖掉这项专利和技术。他和妻子玛丽商量着给这项发明定价，因为他们都不知道市场行情，所以也不明确价格。他们很忧愁，不知道该商定一个怎样的价格公开售卖。无奈之下，玛丽说："建造一个实验室至少需要2万美元，咱们就卖2万美元吧。"爱迪生吁了一口气，忐忑地说："真的值2万美元吗？会不会要得太贵，把买家吓跑了呢？"看到爱迪生迟疑的样子，玛丽灵机一动，说："不然就这样，咱们先不说价格，看看买家能出多少钱，然后咱们再从长计议。"爱迪生一时之间也想不到更好的办法，只好同意了。

那个时候，爱迪生虽然没有家喻户晓，但是也已经名声在外了。听说爱迪生要卖掉自动发报机的专利和技术，一位美国商人在第一时间赶来了解情况，并且询问爱迪生报价多少。爱迪生始终觉得2万美元的要价太高了，根本不敢明确说出这个数字，因此始终沉默着。商人很着急，催着问了好几次，都没有得到答案。情急之下，商人只好主动提出价格："这样吧，我出10万美元，你觉得如何？"爱迪生简直觉得自己是在做梦，因为他的腼腆，居然多卖了8万美元。要知道，这对于一心想创建实验室的爱迪生来说，简直是雪中送炭啊！他毫不迟疑地接受了商人的开价，当场成交。这件事情过了很久，每次提起的时候，爱迪生还会忍不住喜笑颜开，和玛丽说："天哪，简直难以置信。我只不过晚说了一会儿话，居然就多赚了8万美元。"

对于爱迪生来说，他之所以保持沉默，是因为不好意思说出2万美元的价格。想不到，他歪打正着，恰恰以沉默逼迫得商人心中没底，最终一口给出了高价——10万美元。也许看到爱迪生当场表示同意，商人还觉得像是捡了个宝贝呢！这就是沉默的说服力。

在情势不太明朗的时候，如果恰到好处地保持沉默，反而会给对方心理造成无形的压力，甚至主动提高给你的条件，说服工作也就自然而然地实现目的了。

认输的姿态，反而赢得对方好感

很多情况下，说服他人就是一场较量。你觉得你的观点是正确的，对方也同样觉得自己的观点正确无比。那么，当双方为了争夺胜负而僵持时，如何才能打破僵局，让说服的任务柳暗花明又一村呢？记得前文说过，有位名人说，以唇枪舌剑的方式最终说服他人，取得胜利，并非真正的胜利，因为你无法再赢得对方的好感。真正成功的说服，是对方虽然输给了你，却与你毫无芥蒂，甚至对你心生敬佩，这才是说服的最高境界。

很多人都问自己：我的观点正确，而且掌握了说服的技巧，为什么无法获得成功呢？其实，观点正确并非说服成功的保证，只有增强你的说服力，让对方心悦诚服，你的说服工作才算是圆满完成。在说服他人的过程中，我们既要坚持自己的原则，又要灵活机动，根据对方的心态不停调整，选择更加适宜的方案，最终达到目的。要想让说服工作顺利展开，首先一定要了解对方，也要明确自己的目的。做人要有底线，说服工作也是如此，只有把握底线，才能一往无前。当说服陷入胶着状态，没有任何进展的时候，如果你确定对方的态度非常强硬，没有改变的可能，不如采取高姿态，主动认输。这样一来，对方不但会被你的高风亮节所折服，甚至也有可能作出让步，以作为对你的回报。这样的结局，岂不是皆大欢喜吗？退一步来说，即使你认输之后，对方毫无表示，你也获得谦谦君子的美誉，何乐而不为呢？总而言之，认输并不会使你变得软弱可欺，而是会使你的形象瞬间高大起来，让很多人都怀着尊崇的心情仰视你的壮举。

莉莉作为公司代表，和公司领导精心挑选的精英们，不远千里，来到这家企业谈判合作的相关事宜。自然，他们得到了盛情款待。然而，在谈判桌上，对方并不觉得对于远来之客就应礼让。谈判的氛围非常紧张，充满着火药味。虽然彼此彬彬有礼，可看得出来心里都是虎视眈眈的。毕竟，一旦确立合作的条件，就无法轻易更改，因此再小的利益都要寸步不让。正是因为这种心态，莉莉虽然自知是在人家的地盘上，也依然很强势。

谈判一整天之后，双方人马都很疲惫，决定晚上出去好好美餐一顿，再放松放松。不过，莉莉叮嘱下属千万不要得意忘形，否则就会马失前蹄。所以，这次潇洒只是名义上的放松，实际上双方心里都绷着劲呢。到了谈判的第三天，如果仅剩的条款还无法达成一致，谈判就将宣告终结。莉莉暗下决心：不等到最后一刻，绝不放松。

果然，又是一天的谈判，眼看着日落西山，谈判即将结束。这时，莉莉突然松懈下来，说："李厂长，这样吧，我主动退一步，这个条款就按照你们说的来。毕竟，我们千里迢迢来到贵地，不是为了进行为期三天的谈判演习。"看到莉莉如此毫无征兆地退让，李老板有些于心不忍，也表现出高姿态，说："想不到莉莉经理作为一名女性，却有这样的魄力和胸襟气度。我当然也不能落后，就按照咱们双方条件的折中办法来定下条约吧，这样你回去也好交代，我呢，也算是尽了地主之谊。”如此一番礼让之后，莉莉和李厂长正式签订了合作条约。这天晚上，他们双方人马真正地在一起放松了一次，吃好喝好玩好。当然，是李厂长做东。

在这次谈判中，如果莉莉寸步不让，也许李厂长也不会这么痛快地相让半步。最终，他们为期三天的谈判以皆大欢喜为结局，每个人都很高兴。尤其是莉莉，虽然在最后关头主动认输，作出巨大让步，但是非但没有让人小瞧，反而为自己博得了美名：女中豪杰。如此一来，他们未来的合作也将会是非常愉快的。

朋友们，当你们试图说服他人的时候，尤其是在涉及商业谈判时，是否也曾为了利益与对方针锋相对，寸步不让呢？这样的态度当然无可指责，不过如果想要更加愉快地结束说服工作，也许主动摆出高姿态，作出退让，甚至是认输，都是不错的选择。常言道，强扭的瓜不甜。说服的过程中也是如此，说服别人不仅是逼迫别人接受我们的条件，更是让别人心甘情愿地认可我们做人做事的态度。

只有自信，才能他信

什么样的人最容易获得成功？对于这一点，人们各有各的观点。不过，不管人们得出怎样的结论和定义，那些成功者身上都有一个共同的品质，即自信。一个人，即使学历再高，能力再强，如果缺乏自信，不管做什么事情都质疑自己，导致凡事都无法开头，那么他永远也不可能迈出成功的那一步。和很多成功不同，要想成功地说服他人，不但要有自信，还要有他信。即以你的自信展示你的风采，然后博得别人的欣赏和认可，最终获得他信。如此一来，不管你想说服对方什么，他相信你，都愿意给你机会继续说下去，也愿意给你机会证明你说的是对的。这样的自信与他信，是助你在说服工作中获得成功必不可少的条件。

如何才能让自己获得自信呢？除了那些天生就自信心爆棚的人，大多数人都有缺乏自信的表现。其实，自信一部分源于我们的内心，一部分也靠后天的包装。例如，如果你是一名销售人员，卖房子或者汽车这些比较贵重的资产，那么你一定要给自己准备一身上好行头。虽然我们总是说不要以貌取人，更不要以衣取人，但是衣着外貌，真的会影响第一印象。尤其是当你销售的东西那么昂贵时，你就更应该提升你穿着的档次。此外，你还应该提升自己的谈吐。如今，有很多培训班，可以帮助人们在短期内速成，言谈举止变得就像另一个人。总而言之，你要让自己与你服务的客户群体相匹配，这样，他们才会心甘情愿地从你手里购置资产。当然，还有很多方面可以提升自信，只要你有心，你就能打造一个自信的自己。当拥有自信之后，你会惊讶地发现，你不再唯唯诺诺了。你走路生风，坐在那里沉稳如钟，说起话来侃侃而谈，而且每句话都一针见血。如此一来，你说服的对象怎么会不信任你呢？一旦拥有这份信任，一切问题都迎刃而解。

豆豆是个非常自卑的姑娘，年近30岁的她不停地相亲，却始终无果。不是她看不上人家，就是人家看不上她，总之很少有看对眼的时候。偶尔有两次彼此都觉得感觉还不错，又因为豆豆的腼腆，错过了。眼看着就要30岁了，爸爸妈妈不停地催促，再看看同学朋友也都相继走进婚姻的殿堂，有很多都已经升级成为爸爸妈妈，豆豆不免真心着急起来。

一次集体相亲大会上，豆豆看到一个戴眼镜的男孩非常棒。虽然他看起来有些呆头呆脑，但是一看就是暖男。因为相亲大会采取轮流聊天的规则，所以豆豆一直远远地看着那个男孩，想要引起他的注意。眼看着，马上就要轮到豆豆和那个男孩聊天了，不想，豆豆前面隔着一个人的那个女孩，居然准备和男孩牵手走了。豆豆不想再错过这次缘分，她猛地站起来，冲到那个男孩面前，说："先别走，等等我，再有一个人就到我了。"看着豆豆真诚的眼神和羞红的脸蛋，男孩似乎被感动了。他对眼前的女孩说："咱们先留个联系方式吧，我想等等她，聊一聊。"女孩留下电话走了，又过了十几分钟，豆豆终于可以按照规则和男孩子进行交流。男孩问："你为什么这么自信？"豆豆笑了笑，说："其实我很自卑，但是为了争取爱情，我必须自信。"男孩笑了起来，说："你为什么一定要和我聊呢？"豆豆毫不掩饰地说："因为我看到你，觉得很舒服，也因为我降临人世前，上帝交给我一个任务，他让我找到你，爱你，照顾你，陪伴你一生。"男孩激动地拥抱着豆豆，所有人都在为他们鼓掌。

豆豆找了很多年，才在心里琢磨出她所爱的人的模样。如今，在这个集体相亲的场合意外地与他邂逅，她再也不愿意错过。虽然她骨子里是那么自卑，但是为了获得一生的幸福，她不得不假装自信，假装坚强，才能鼓起勇气向所爱的人表白。这就是自信的力量。幸运的是，豆豆的自信也感动了那个男孩，使他相信面前的豆豆就是他要等的人。这是一段多么浪漫的爱情啊，也有着神奇的开场白。豆豆凭着自信说服了她喜欢的男孩，也赢得了他的喜爱、尊重和信任。

学会倾听，增强说服力

一提起要说服某人，我们一定会赶紧抻抻舌头，想着它又要派上大用场了。的确，说服他人必须有着很好的口才，然而，只有很好的口才并不能彻底解决问题。很多人一上来就滔滔不绝地说，导致听话的人如坠云里雾里，根本不知道发生了什么事情，甚至会产生莫名的反感。常言道，好钢用在刀刃上。如果说了很多话，却都不在点子上，那么这些话就会变成废话。与其如此，不如先做好倾听的工作，为把话说到点子上作好准备，也许一句金玉良言就抵得上十句啰啰唆唆呢！

曾经有个人每次说话都被人拒绝，对方不是表现出厌烦，就是粗暴地说一句“闭嘴”。他很苦恼，不知道自己好心好意的，到底是哪里做错了。后来，他经常长时间地反思，发现了问题所在：原来，他只会自说自话，从来不曾留意别人想听什么，或者对什么话题感兴趣。这样一来，他无疑相当于一个聒噪的知了，在每个人心烦意乱的盛夏依然不停地吵闹。如何能让自己的话变成夏日里的徐徐凉风，吹到人的耳畔呢？前提就是倾听。俗话说，“良言一句三冬暖，恶语伤人六月寒。”当然，我们不是要说恶语，而是要把话说到他人的心里去，让人感到妥帖舒服。尤其是在说服他人的时候，如果能够把握对方心理，说服力就会大大增强。

小张准备辞职，今天刚刚把辞职报告交给顶头上司李。小张的工作表现一直不错，李很纳闷他为什么要辞职。接下来，就是例行的谈话。李让秘书把小张叫进来，和小张进行了一番真诚的沟通。

李问：“你工作很好啊，为什么要辞职？”

小张说：“谢谢您一直以来的照顾，我觉得自己需要换换环境。”

李说：“如果你只是单纯地想换个环境工作，公司有很多分公司，你可以申请调到分公司去。你是遇到什么困难了吗？”

小张为难地说：“一直以来，我和妻子分居两地。孩子小的时候还好，由老人帮忙带着，妻子也没有那么累。现在，孩子上小学了，妻子不但要工作，还要给孩子辅导作业，实在忙不过来。因为长期分开，我们的感情也越来越淡薄。我想，工作和家庭，我只能选择其一。”

李明白了小张辞职的原因，想了想，说：“小张，你觉得如果你们一家三口都在这个城市生活，你还会想辞职吗？你辞职的话，我真的觉得很惋惜，毕竟你在公司工作很长时间了，眼看着就该晋升了。我也愿意为公司培养一个人才出来。我想，你可以让你妻子辞掉工作，带着孩子来这里与你团聚，公司会安排合适的职位给她。”

听到这里，小张的眼睛里闪出光芒。的确，李说得很对，他在这个公司坚持这么久，就是希望有朝一日能够出人头地。他赶紧说：“真的吗？太感谢您了，这么体恤下属。我想，我会慎重和我妻子商议的。”

李说：“那你的辞职信就先暂存在我这里，你正常上班吧，等和你爱人商量好了，再来找我就行！”

李说服小张几乎没怎么费劲，因为他做好了倾听的工作。在倾听小张诉说的时候，他知道小张辞职的真正理由其实是两地分居。实际上，对于一家上市公司而言，安排一个员工家属的就业是不成任何问题的。这样一来，不但留住了小张的人，也留住了小张的心。这就是倾听的魔力。

倾听不仅是一种能力，也是一种美德。善于倾听的人总是有着包容之心，能够宽厚地对待身边的每一个人。与其不停地聒噪和争吵，我们不如静下心来，听听别人是怎么说的。这样不仅是自尊，也是尊重他人。沟通是一项终身技能，是能够使人的工作成果、生活的幸福度都大幅提升的能力。掌握沟通的技能，无异于向着成功迈出了第一步。不过，这第一步迈得成功与否，很大程度上取决于倾听的能力。好的倾听者，能够从别人的话语之间洞察他们的内心，从而决定自己的说服方向和策略，自然事半功倍。否则，就会导致事与愿违。由此可见，倾听是多么重要啊！

第 05 章

洞悉对方的性格：不同类型的人需要不同的说服术

这个世界上没有两片完全相同的树叶。同样的道理，这个世界上也没有两个完全相同的人。每个人都有自己独特的性格，每个人都是一个完全与众不同的个体。要想水到渠成地说服各种性格类型的人，我们首先要了解各种不同的性格，从而再找到最适合他们的说服方法。

真诚的赞美，让自负的人飘飘然

你是否觉得自己与众不同？你是否确信自己有着过人之处？你是否常常慨叹无人能够了解你的思想？你是否总是觉得世间太过纷繁复杂？如果你给出的答案都是肯定的，那么你真的是一个自负的人。自负的人，总是有些清高。他们觉得自己曲高和寡，感到自己从不被生活所了解。然而，其实不是众人不能理解他，只是他的姿态太高。这样的人，肯定不屑于接受他人的意见或者建议，怎样才能说服他们呢？

如果你绞尽脑汁也没想出个好办法，不妨看看下面的独门绝招吧。实际上，千万不要看到自命清高的人就害怕。因为他们也是人，不是神。他们之所以与生活格格不入，就是因为要彰显自己的独特。既然这样，聪明的你当然知道，对待自命清高的人，撒手锏就是“赞美”。尤其是真诚的赞美，往往会让他们飘飘然，不知所以然。这种情况下，你再提出自己的不同意见，他们会因为你毫不吝啬的赞美，而主动附和你。

云姨总是很清高，从来不和市井之中的凡俗女人打交道，因为她觉得自己不是她们的同类。如何能劝说云姨和姑姑阿姨们一起去旅游，成了小李心中的难题。要知道，云姨已经很久都郁郁寡欢了。尤其是从姨父去世后，她仿佛把自己永远地禁锢起来了。

作为侄女，小李当然明白，姨父深爱云姨，也希望自己去世之后云姨有个好的生活。这不，小李主动担当此重任，来说服云姨和姑姑阿姨们一起去游山玩水。但是，云姨对小李所说的话丝毫不感兴趣。诸如四处走走看看心情更好这样的道理，她都懂。因此，小李无计可施。

深思熟虑一晚上，小李决定换一个思路劝说云姨。中午，云姨正在花架下喝茶，小李问云姨："云姨，您是怎么保养得这么好的呢？您看看，您的皮肤比我的更白皙，还水嫩水嫩的。"云姨的脸上瞬间有了神采："无非就是用些普通的化妆品。""那你就是天生丽质啦！"小李狡黠地笑着，说："云姨，你年轻的时候是做什么的？""我是中学地理老师。""哇塞，您居然是地理老师啊。我感觉大多数女性对地理都一窍不通，您太与众不同了。"小李赶紧拍马屁，"哎，眼看着我妈她们出去旅游的日子越来越近了，我真担心啊。我妈是个路痴，还是个地理盲，我特别害怕她们走丢了。"看到小李担心的样子，云姨安慰说："怎么会呢，她们找不到会问路的。"小李更加沮丧了，说："但是，她们之中没有一个人像你云姨这样是英语八级。她们都是煮饭婆，好好的不知道为什么要去旅游，连个能照顾她们的人都没有。"看到小李的样子，云姨说："好啦，你这个小家伙，不就是想让我给她们当导游兼翻译嘛，拐弯抹角的。我答应你啦！要不然，我的所学也白费了。"就这样，云姨在小李的一番恭维下，很爽快地答应了小李的请求。暗地里，小李又叮嘱妈妈和姑姑阿姨们，让她们多多照顾云姨。

云姨显然很清高，很自负。她的骄傲是有原因的，在一大堆煮饭婆中，她英语八级，还曾经是地理老师。这样得天独厚的条件，不去当导游都可惜了。当邀请云姨出游未果的时候，小李改变思路，把带云姨去旅游变成由云姨照顾一群煮饭婆，这样一来，云姨自然觉得自己是不可或缺的，也就心甘情愿地去旅游了。虽然贬低了妈妈和姑姑阿姨，但是能够达到目的也就很好了。

生活中，自负之人很常见，他们往往非常冷漠，看似难以接近。实际上，他们冷漠的外表下有一颗敏感细腻的心，如果能够激发出他们的热情，他们一定会成为很好的朋友。要想说服他们，最简单的方法就是赞美。真诚的发自内心的赞美越多，他们就越发地看重自己，甚至把自己看得不可或缺，进而主动地要求为他人付出。

直截了当，开门见山应对职场老人

在职场中，也许简单没有心机的人很少，但是唯独不缺职场老人。职场老人，就是在商场中身经百战、久经历练的老人。他们也许在你刚刚入职时，就已经有了十几二十年的工作经验。因此，面对他们，你会觉得自己就像是一个玻璃人，连心都被他们看得清清楚楚。面对这样的职场老人，试图掩饰什么显然不是明智之举。既然如此，索性来个大曝光，把自己心里的所思所想都原原本本地告诉他们，也许他们反而会觉得你真诚得可爱，甚至会大发慈悲多多照顾你呢！当然，这是对待同事中职场老人的策略。那么如果对方与你是利益对立的呢？你还能装傻卖萌吗？只怕装傻卖萌的结果就是彻底被他们卖掉。既然如此，那就来点更狠的。作为职场菜鸟，如果你不幸要和职场老人谈判，那就直截了当，速战速决吧。

作为职场老人，他们的眼光非常老辣，你想要任何花招，在他们面前都会被一眼看穿，简直是自寻死路。你必须坦诚地对待他们，对于自己的目的也无须遮遮掩掩，因为他们完全能理解你为了生存不得不替公司卖命的事实。这样一来，你还有什么不好意思说的呢？直截了当地说完之后，等着他们作出决定就好。这种人为刀俎我为鱼肉的状态当然不好，但这是唯一的求生之道。

蔡强刚进公司三个月，就被派去和另外一家公司的采购员过招。要知道，那可是有着十几年工作经验的采购员啊，蔡强这种菜鸟，哪里是他的对手呢！蔡强心里发虚，在与对方见面前一晚上都没睡好。思来想去，也没有好办法，他索性不想了，蒙头大睡。

第二天，好几家公司派来的人都等着和这个采购员见面。蔡强看到其他人西装革履的，只有自己一身运动休闲打扮，就像是个刚出校园的愣头青，不由得心里拔凉拔凉的，对于这次的任务基本不抱希望完成了。眼看着那些人一个个走进去，又出来，蔡强心里反而踏实下来。他决定，一会儿见面时，就原原本本地把情况说出来，死马当作活马医吧。

终于轮到蔡强了，他就像烈士就义一般大义凛然地走进去。刚刚坐下，不等采购员问，他就一五一十地把产品介绍了一遍，甚至把自己所知道的产品缺点也说了一遍。采购员饶有兴致地看着眼前的这个小伙子喋喋不休地说着，等到蔡强不出声了，他才问：“你说完了？没有其他想说的了？”蔡强点点头，说：“是的。”采购员说：“你们准备安排送货吧，这是我们的订货清单和仓库地址，直接发到仓库就行。”

蔡强当场傻了，根本不知道应该作何反应。他结结巴巴地说：“这就……这就行了？”采购员笑着说：“你都把底价和产品缺点都告诉我了，不行能怎么着？而且，你是唯一一个没有和我提及回扣的推销员呢！”就这样，蔡强稀里糊涂地就签下了自己进公司之后的第一单。他高兴极了。

和蔡强相比，有着十几年工作经验的采购员显然是职场老人。别说蔡强三个月工作经验的道行了，即使有三年工作经验的，也照样会被职场老人撂倒。让蔡强万万没想到的是，他原本想死马当作活马医的招数，也就是没有招数，居然大获全胜。也许，职场老人是被他一就座就原原本本把底牌交代的清清楚楚的坦诚感动了吧。不管因为何种原因，能够顺利签单就好。蔡强这才知道，销售对于每个人来说都有自己独特的方法，也许他最适合的营销策略是本分，坦白交代。

蔡强真正是误打误撞，做到了无招胜有招。既然对于这样经验丰富的职场老人来说，见招拆招，那么没招的话，他也就无招可拆了。在面对经验丰富的人做说服工作时，我们一定要掂量自己的分量，千万不要犯班门弄斧的错误。也许，直截了当、开门见山就是最好的方法。

等待，给对方足够的时间作决定

每个人的性格都不相同，有人是个急脾气，一旦遇到事情，恨不得夜里不睡觉也要当即解决，不然就坐立不安。有人恰恰与此相反，是犹豫不定型，需要获得充足的时间来考虑，才能下定决心做某件事情。对待这两种人，说服的时候一定要采取截然不同的策略和方法，才能获得完满的结局。例如，对待急脾气的人，有事当即就要说出来，然后理清思路，确定解决的方案。对于犹豫不定型的人，在说服他们的时候，一定不能犯急躁的错误，否则他们就会因为生性多疑，而怀疑你是否另有目的，或者急于得到什么好处。这样一来，他们就会反感你的劝说，甚至与你对着干。

陶陶是一家二手房经纪公司的销售人员。最近，她正在带客户张姐看房子，几乎看遍了附近所有符合条件的房子。最终，张姐对其中一套三层的房子表现出浓厚的兴趣，犹豫着是否要约业主签约。

当天下午，看完房子后，张姐要回家商量商量。陶陶很心急，因为这套房子也有其他同事的客户感兴趣。为此，她直到晚上九点还没有下班，一直在用微信和张姐沟通，希望张姐能到店面交一个认购的意向金，这样就能保证张姐优先买到房子。张姐非常纠结，她说："我下午才看的房子啊，哪里能这么快就作出决定？"陶陶向客户解释："这是认购的意向定金，即使不买，也是可以全额退还的，只是保证你优先购买这套房子而已。"虽然再三解释，张姐还是不想过来交钱。无奈，陶陶忐忑地下班了。

次日早晨，陶陶一到单位，就又和张姐沟通。为了促使张姐尽快下决心，她还和张姐的老公也通了电话，说明情况。既然要买，张姐的老公觉得交个意向定金也无不可，就来到店里交钱了。不想，张姐得知这个情况后，原本摇摆不定的心突然间受到刺激，居然说陶陶是骗子。为了再次博得张姐的信任，陶陶第一时间退还了定金，但是张姐再也不愿意沟通了。她还说："早知道你们就是为了骗我交定金，我还是去买新房吧，再也不和二手房打交道了！"

这个销售案例中，陶陶显然失败了。她败在哪里呢？该看的房子已经全部都看完了，而且和客户清楚地说明了情况。她唯一没有把握好的是：客户是犹豫不决型的性格，过多的催促反而使她心生怀疑，到最后决定终止购买二手房的行为。事后，陶陶反思的时候意识到：如果头一天晚上不那么急着催促客户来交定金，第二天也没有促使她老公来交定金，也许一切还不会那么糟糕。

犹豫不决的人很烦别人催促他，因为他需要漫长的时间慢慢思考。也许只有等到错失一套合适的房子之后，他们才能醒悟过来，在下一套合适的房子面前勇敢把握机会。在此之前，任凭销售人员说破了嘴，他们也是不愿意相信的。在说服这种性格类型的人时，只需要摆事实讲道理，剩下的就等待他作出抉择吧。千万不要过分催促，否则就会导致彻底地决裂。等待，也许还有说服的可能。

事实，能让自闭的他主动

对于自闭类型的人，说多少都是无异的，因为他们的耳朵就像有过滤功能，会自动把他们不想听到的话屏蔽在外。那么，如何才能让他们打开心扉，接受外界的信息呢？与其说，不如做。当他们的眼睛看到活生生的事实，他们就会主动燃起心中的欲望，变得更加自觉。要想说服这样的人，显然口才是第二位的，第一位的是真诚，是摆在眼前的事实。千万不要喋喋不休地说服他们，幻想着总会有一句话进入他们的耳朵。要知道，一旦他们意识到你的沟通是以说服他们为目的，他们的心门也会随着耳朵关闭起来，不再接收你的任何信息。

在新房销售现场，销售情况非常火爆，然而，徐雪面对的这个客户有些冷漠。他对大厅里熙熙攘攘的人群根本看也不看一眼，完全沉浸在自己的世界里。即使徐雪煞费苦心，他也充耳不闻，只是时不时地问徐雪：“这个房子得房率是多少？”“小区绿化率是多少，离公交车站有多远？”原本，徐雪训练有素的那套销售说辞，到了这个客户这里，完全行不通。眼看着沟通无法顺畅地进行下去，徐雪简直要抓狂了。

突然，她脑中灵光一闪，想到了一个好办法。她带着客户往样板间走去，决定先引导客户看样板间。在看样板间的过程中，徐雪说："这个108平方米的三居双卫户型，是最受欢迎的。"显然，客户表现出浓厚的兴趣，问："为什么呢？"徐雪说："您看看就知道了，我们这个户型是三开间朝南，采光非常好。而且两个卫生间都是明卫，房间里绝对不会有异味。"客户这才问："我如果想买这种户型，需要怎么办手续？"终于等到客户问这个问题，徐雪的心里乐开了花。她对客户说："这样吧，咱们去会议室，我给您详细讲一讲办手续的过程，这样您就心中有数了。"

因为客户是自闭型性格，根本不在乎徐雪说什么，也不在乎售楼处里有多少人，所以徐雪根本无法按照普通的销售策略展开营销。情急之下，她只得先带客户去看样板间，让宽敞舒适的样板间吸引客户，让客户主动提问：如何办理买房手续。当客户问到如何办手续时，徐雪知道自己的营销策略已经获得了成功。

生活中，并非每个人都很健谈，有不少人都守在自己的世界里，不愿意过多地与外界交流。然而，他们只是自闭型性格，并非绝对的自闭，所以我们常常有机会与他们沟通，甚至需要说服他们。遇到这种性格的人，我们只需要施展"诱惑"，让他们主动出击就好，没有必要喋喋不休地试图用语言说服他们，因为一旦他们不愿意听，你说再多的话也都会被拒之门外。

温柔是制胜法宝，百炼钢也成绕指柔

生活中，你所见过的最坚韧的东西是什么？石头、钢铁？没错，大多数人都觉得钢铁是最坚硬的，然而，在火焰的熊熊燃烧中，再坚硬的钢铁也会熔化，变成红通通的液体。那么，你觉得最刚强的人是谁？也许他们是你的爱人，是你的父母，甚至是你的孩子，你的亲戚同事和朋友。对待他们的时候，你是以硬碰硬，还是采取策略，以柔克刚呢？聪明的你应该不会选择以硬碰硬，因为这样做的结果就是两败俱伤。你当然要选择用温柔软化他，因为刚强的人并不怕和他一样刚强的人，而怕别人的温柔似水。就像是一个人举着枪，面对另外一个持枪想要袭击他的人，这个人一定会毫不犹豫地发起攻击。然而，如果他面对的是一个手无寸铁的孩子，孩子正在冲他微笑，他还忍心杀戮吗？当然不会。这就是温柔的力量。

生活中，我们看到很多夫妻感情和睦，家庭幸福，似乎从不吵架。让我们惊讶的是，有对夫妻中的丈夫就是我们所认识的，他是出了名的暴脾气，在单位里就像是个炮仗一样点火就炸。那么，他的妻子到底有何魔力呢？能把这样一个铁血的汉子驯服得就像小绵羊？如果你想知道答案，那么妻子一定会告诉你：温柔。只有温柔，能让汉子变得柔情似水，他根本不忍心对水一样的妻子动怒动粗啊！掌握了这个真理，还愁夫妻关系不好相处嘛！当然，即便不是夫妻，我们也会遇到脾气暴躁的人。就像我们的有些同事，他们总是刀子嘴豆腐心，板着一副冷脸，实际上心里还是很热情的。当你试图说服这样的人时，无须把自己变得强硬，只要让自己更温柔、最温柔就好。

生活中，我们常常会遇到脾气暴躁或者不讲道理的人。对于他们，我们当然要动之以情，晓之以理，同时，我们也要努力克制自己。不管是以卵击石，还是以硬碰硬，显然都不是最好的选择。明智的你，还是以温柔的方式感动他人吧。尤其是在婚姻中，虽然每个人都知道家不是讲理的地方，但是很多人依然费尽口舌想要说服对方。与其这样，不如多多修炼温柔的内功，一招制胜！

第 06 章

站在对方的立场：为对方着想才能打开对方心门

说服他人的关键，就是走进他人的心里，了解他人的所思所想。那么，接下来要怎么做呢？仅仅洞悉他人心理显然还不够，我们还要站在对方的立场上，努力为对方着想，这样才能打开他们的心门，把话说到他们的心里去。

倾听，是了解的第一步

民间有句俗语，听人言，知人心。虽然只有简简单单的六个字，却说出了倾听的真谛。我们总是说要设身处地地为他人着想，试想，如果你根本不了解对方处于何种境地，你又如何设身处地呢？从另一个方面来看，即使你了解对方处境，也依然需要倾听对方。针对每一件事情，不同的人会给出不同的看法和意见。我们除了要了解对方处境，还应该了解对方在当下对事情的看法，以及有何想法。只有洞察对方心理，我们才能更好地给出具有说服性的建议和意见。这就是倾听的重要作用。

也许有人觉得倾听是件很简单的事情，只要付出一双耳朵，就再也不用作其他的任何努力。其实，这种观点是大错特错的。用耳朵听，只能叫作听取，而不能成为倾听。所谓倾听，是用心地听。在听的过程中，随着对方的讲述，你要进入相应的情境，体验到接近对方的感觉。只有这样，你才能对对方感同身受，才能走进对方的心灵深处，从而设身处地地为其着想，给出切合他心意的建议或者意见。只有这样的提议，才更有可能为对方所采纳，你的说服工作才能事半功倍。

在倾听过程中，首先要专心。对方能够感受到你是否专心，即使你一动不动地坐在那里侧耳倾听，对方也会敏感地觉察你的心在不在。其次，千万不要随意打断别人的讲述。每个人说话时都是有思路的，一旦你鲁莽地打断他人，他也许就不能继续完整地陈述。最后，还要给出积极的回应。很多人在倾听的时候，总是表情木讷，许久也不说话，也没有任何表情。其实，在保证不打断对方的情况下，你完全可以以简单的语气词，甚至是眼神等表情来作出回应。例如，当对方说到耸人听闻的事情时，你可以挑高眉毛，瞪大眼睛，表现出极大的惊讶或者惊恐。这样一来，你既没有打断对方说话，又表示自己已经完全感受到他描述的恐怖场面。再如，当对方说起开心的事情，你可以展露微笑，表现出愉悦的神情。总而言之，你不能是个木头人，不然对方就会觉得索然无味，不愿意继续说下去。你必须表情生动丰富，时不时地还要以感叹词表达自己内心的震撼，这才是一个真正的倾听者。当对方谈兴渐渐浓郁，你也就拿到了打开对方心门的钥匙。从这个意义上来说，倾听比表达的作用更重要。

来来是个很乖巧的女孩，很少说话，总是安静地坐在自己的板凳上。有的时候，看到来来淡然的表情，老师甚至怀疑她的智力有问题。一天，来来吃了好几碗饭，最后吃得都要吐了。在放学的时候，老师对来来妈妈说："来来妈妈，你觉不觉得来来和其他孩子不一样呢？她那么安静，从来不像其他孩子那样活泼好动。今天中午，她吃了一碗饭，又要一碗饭，明明已经饱了，居然又吃了第三碗饭。这样一来，她几乎都要吐出来了。我建议，您还是带她去医院看看，别万一有什么特殊情况，耽误孩子了。"听了老师的话，妈妈的眼泪几乎要流出来了。原来，来来生下来的时候只有二斤多，在保温箱里住了两个月才回家。来来爸爸常年不在家，她又因为工作忙碌，经常情绪暴躁发脾气，来来的确很自卑胆小。

晚上回家之后，她坚持着给来来做完饭，就倒在床上昏睡过去。也许是因为感冒，她居然神思恍惚起来。迷迷糊糊中，来来把卧室的门打开，一声不吭又出去了。她没有动，也不想动。又过了一会儿，来来再次推门进来，问："妈妈，你睡着了吗？"她厌烦地问："什么事？"来来说："妈妈，一个人如果把他的手指割破，会死吗？"她猛地从床上坐起来，察看来来的手指。手指的伤口很深，流了很多血。来来没有哭，肯定刚才第一次进来就是手指被割破了，看到妈妈在睡觉，又出去了。现在看到流血很多，才进来打扰妈妈的。她却无法感受这个小女孩的体谅之心，生气地穿好衣服，带着来来去医院。外面正在下雪，她没有抱来来，赌气一样闷头朝着医院走，来来呢，深一脚浅一脚地在后面追赶她。缝合之后，又打了破伤风，到家已经是半夜时分了。电话铃在响，她想不通谁会在深夜这么急迫地打来电话。

接起电话，是老师急切的声音。老师告诉她："来来妈妈，你千万别责怪来来。我一晚上都在打你的电话，但是没人接。如果这个电话不打通，我一夜都无法入睡的。你知道吗？来来之所以吃三碗饭，是因为她想快快长大，就不会生病了。她说妈妈一个人带她很辛苦，她要快点儿长大，不生病，照顾妈妈。"说着，老师哽咽了，内疚地说，"这是来来的好朋友，默默告诉我的。我们都误解孩子了。"挂断电话，她泪流满面。突然，她在餐桌上看到一个削了一半的苹果和沾满血迹的刀子。她的心疼极了。此时此刻，来来已经乖乖地躺进被窝睡着了，受伤的小手高高地举着，因为医生告诉她这样能止血。第二天清晨，守在来来身边一夜未眠的她，温柔地帮来来穿上漂亮的小裙子。她告诉来来："宝贝，你吃饭的时候只要吃饱了就行。吃得太饱容易生病，吃得太少长得很慢，只要刚刚饱，就不用再吃了。"来来懂事地点点头。她亲吻着女儿受伤的手指，继续说："你以后也不要拿刀子了，妈妈会给你削好苹果的。"来来怯怯地说："妈妈，你生病了，我想削苹果给你吃。"

她一时之间不知道该说什么，只好含着泪用力地点头。良久，她才说："那么，妈妈给你买个儿童专用的刨刀，好吗？这样就不容易割到手指了。"来来快乐极了。

老师不知道来来为什么像个傻子一样使劲地吃那么多饭，直到撑得想吐；妈妈也不知道来来为什么吃那么多饭，让老师怀疑她智商有问题。来来知道，多吃饭就能长高，变得强壮，不再生病，还可以照顾妈妈。幸好，默默告诉老师来来使劲吃饭的原因，不然，不但来来会陷入永远的误会之中，妈妈也不知道如何告诉来来吃饭只要刚刚饱。只要了解了原因，一切问题就都会迎刃而解。面对想要给自己削苹果的来来，看着女儿缝合了几针的手指，妈妈的心怎么会不疼呢？亲子之间的误解，是最让人心痛的误解，爱有多深，痛就有多深。

在你想要说服一个人的时候，你一定要了解真相，要了解事情当时的情况，也要了解当时的说服对象是怎么想的，只有这样，你才能真正了解他的心，才能提出对他而言恰到好处的建议。

设身处地，说起来容易做起来难

我们时常把设身处地为他人着想挂在嘴边，却从未想过真正做起来有多大难度。也正因为如此，设身处地被变成一句口号，一句仅仅挂在嘴边的口号。这样一来，我们还能用什么办法真正体察他人的心理呢？当然没有。因为你不是他人，你永远也成不了他人，所以你不可能真正成为他，按照他的想法去思考。即便是真的做到设身处地，你也只能无限接近真相。那么，就让我们把设身处地变成现实吧，这样才能帮助你更好地理解他人，体谅他人，也帮助他人。

要想做到真正地设身处地，首先是换位思考。所谓换位思考，顾名思义，就是把自己换在对方的角色和位置上，先想一想，如果是我遇到这样的事情，我会怎么做；接下来，再想一想，如果我是他，我会怎么做。如果这样还不能使你做到真正地设身处地，那么你当然也可以借助倾听，来更加深入地了解对方的感受。如此多方面努力，也许你更容易体察对方的心情，也更容易理解对方。

有一天，爱迪生和儿子想把一头小牛推进谷仓。然而，他们只从自己的角度出发考虑问题，犯了一个错误。只见，儿子在前面使劲地拉牛的缰绳，爱迪生则在后面用力地推着。巧合的是，小牛也犯了倔，只做自己想的。它坚定地站在那里，任凭爱迪生和儿子怎么努力，它都一动不动。爱迪生和儿子累得满头大汗，都毫无办法。他们只得坐在小牛的身边，默默地发愁。这时，一个农妇经过这里。看到发愁的爱迪生父子和倔强的小牛，她不由得哈哈大笑。农妇问："你们怎么了？"儿子沮丧地说："小牛不听话。"这时，农妇走过来，把自己的手指伸进小牛的嘴巴里，让小牛吮吸。小牛果然乖乖地跟着农妇走进谷仓，显得非常乖巧顺从。

农妇为什么能够获得成功呢？因为她很了解小牛。在与牲畜朝夕相处的过程中，她知道牲畜的生活习性，也了解牲畜的秉性，因而，她就完美地实现了与小牛换位思考，最终给予小牛它所需要的，让小牛对她言听计从。

设身处地地为他人着想，能够走进他人心里，从而激发他人的需求，进而再满足这种需求，说服他人就成了自然而然的事情，根本无须费力。从某种意义上来说，成全他人，也就意味着成全你自己。反之，假如你的心里只有自己，一心一意地只想着自己，不管考虑什么问题都从自己的角度出发，那么你就无法达到自己的目标。现代社会，人们非常重视人际关系。要想获得人际关系的成功，首先要善于捕捉对方的观点。只有这样，你才能兼顾双方去考虑问题。很多时候，我们一遇到事情，就条件反射般地从自己的立场出发，这是完全不可取的。只有等到我们学会换位思考，设身处地为他人着想的时候，我们才会更容易地说服他人，我们自己的人生之路才会越走越宽。

认同对方，他才能接受你的建议

所谓说服他人，当然是要否定对方的观点，从而让对方接受我们的观点。这就是说服的本质，毋庸置疑。然而，在说服他人的过程中，尤其需要注意的是，千万不要随意否定他人。试想，如果你现在是说服对象，当别人说服你的时候，不由分说地先把你所有的观点都全盘否定，那么你还愿意继续听对方说话吗？只怕如果是个脾气暴躁的，会拿着扫帚把说服者扫地出门呢！相反，如果说服者来到你的面前，首先肯定你的诸多观点，并且对你的想法表示理解，对你激动的情绪表示体谅，那么你还会把他赶走吗？你肯定对这个人心生好感，只怕他说的不好听的话，你也会当成是金玉良言，也愿意过过脑子分析一下，甚至会情不自禁地点头称是："嗯，说得有道理！"人的本性就是如此。

在说服他人之前，我们首先要了解他人的想法，从而客观理性地分析他人的想法。常言道："知己知彼，百战不殆。"虽然说服工作不像战争那样硝烟弥漫，但也是一场征服的过程。只有了解对方观点，理性分析对方哪里可取，哪里需要改进，你才能更好地说服对方。当然，无论你觉得对方是否正确，都先不要急着否定对方。只有先认同对方，你才能得到对方的接纳，才能继续进行说服工作。这一点务必要牢牢记住，在每次说服的时候都要遵守。

小军今年高三了，正在填报高考志愿。爸爸妈妈只有小军这一个孩子，因此特别希望小军能考到比较近的省会城市。这样呢，他们想儿子的时候随时都能去，家里万一有什么事情，小军也能及时赶回来。需要交代的是，小军的爸爸妈妈是老来得子，他们都已经六十多岁了。但是，小军显然不是这么想的。这么多年来，爸爸妈妈无微不至地照顾他，爱他，也管着他。他早就想好了，要趁着高考的机会报考遥远城市的大学，摆脱父母的束缚，享受彻底的自由。为此，爸爸妈妈和小军最近正在展开激烈的辩论，谁也无法说服谁。无奈之下，年迈的爸爸妈妈只好央求小军的表哥劝说小军。

表哥刚刚大学毕业没几年，在很远的城市工作。得到舅舅舅妈的委托后，表哥当即给小军打来电话。

"小军啊，终于熬到高考了，恭喜啊，胜利在望！"

"表哥，我要去找你，哈哈哈，我也即将享受和你一样的自由啦！"

"你这个家伙，我当然理解你的想法。想想我当初考大学，也恨不得离家越远越好。刚刚走进大学的日子，简直就像神仙一样啊，没有父母的唠叨，身边都是和我一样满怀热血的同学们！"

"是啊，这样的日子太让人向往了。"

“不过，小军，我现在后悔了。只是因为工作的牵绊，否则我早就离家近一些了。这些年，父母年纪越来越大，作为唯一的儿子，我却不能在他们身边尽孝，我很内疚。因为在外工作成家，我也剥夺了他们和儿子孙子享受天伦之乐的权利。这么说来，我太自私了。”

“表哥，你什么意思？”小军警觉地问。

“没什么，有感而发吧。你也是家里的独子，你的父母年纪也很大了。我以过来人的身份，希望你能慎重考虑填报志愿的事情。毕竟，大多数人毕业之后都会选择在上学所在的城市就业，这一远，也许就要永远地远下去了。”

听了表哥的话，小军陷入了沉思之中。的确，父母辛苦地把他养大，如今都已经年近古稀，确实需要身边有人了。小军放弃了自由，决定选报省城的一所著名大学，以后把父母也接过去共同生活。

当父母强烈要求小军报考近一些的大学时，小军一门心思地就想考得越远越好。其实，这并非因为父母的建议本身，而只是他不愿意再被父母安排。表哥说话则不同，他非常理解小军迫切想要获得自由的心情，并且表示自己当初也和小军一样。这样的认同，让小军把表哥列为自己的战友，而不是敌人。接下来，表哥才以过来人的身份诉说了距离父母太远工作和生活的不便，并且以建议的口吻让小军慎重考虑。由此一来，小军不再抵触，而是真正开始思考未来的学习和工作应该如何安排更合理。就这样，表哥成功地说服了小军。

不管你想要说服谁，都先不要急着否定对方。只有认同，以一颗同理心表示对对方的理解，你才能叩开对方的心门，打消对方的警惕心理，从而使对方更容易心平气和地考虑你的建议。这样一来，说服工作想不成功也难啊！

有些人会以自我为中心

人的本性就是自私的，有些人具备无私的品质，都是在学习中不断提升自己的思想境界，才达到了无私的高度。因此，我们应该接受他人的自私，也应该反省自己的自私。当看到他人一门心思地想要维护自己的利益时，千万不要指责他人是自私自利的。换位思考一下，如果你处在他人的位置上，做得未必比他人更好。因为，你的本性也是自私的。

利益，与我们自身密切相关。这也是很多人在利益面前露出本来面目的原因。虽然面目有些太过暴露，甚至有些可憎，然而这就是人性，我们必须尊重人性。尤其是当外部的环境非常恶劣或者艰难时，人性就会更加显露无遗。那么，我们如何面对人性的自私呢？只有我们认可它，尊重它，我们才能说服它的主人。

小雅与若男是同父异母的姐妹。她们只相差一岁，都是高三学生，很快就要面临高考。然而，家里实在很困难，她们的父亲有病，常年不能劳动，家里只依靠母亲一个人辛苦耕作，再养些鸡鸭猪羊等维持。眼看着两个孩子都要考大学，母亲愁得夜不能寐。最终，母亲决定让小雅晚一年再考，毕竟她比若男小一岁，晚一年再考也不算耽误。不想，当母亲把这个决定告诉小雅时，原本听话懂事的小雅强烈反对，甚至以死相逼。

手心手背都是肉，看着小雅伤心的样子，母亲的心都碎了。还能有什么办法可想呢？即使去卖血，也筹集不来这么多钱啊！和小雅的反应截然不同，若男暗暗窃喜。开始，她一直担心母亲会因为她不是亲生的，所以偏向小雅。现在看来，母亲对两个女儿是一样的疼爱。看到若男高兴的样子，小雅恨死若男了。但是，母亲的决定不容改变。小雅决定说服若男。在一个夜深人静的夜晚，小雅和若男进行了长谈。

小雅说："姐姐，我也想上大学。"

若男为难地说："小雅，我知道你也想上大学，但是，姐姐比你大一岁，实在耽误不起了。"

小雅幽幽地说："姐姐，我理解你，谁不想上大学呢？"

听到小雅这么说，若男突然有些于心不忍："小雅，对不起。"

小雅还是不死心："姐姐，我听说上大学可以拿助学贷款。如果你愿意勤工俭学，不和妈妈要生活费，咱们俩能不能一起读大学呢？"

若男当然也不想耽误小雅，如果能一起读大学，那就太好了。她说："我愿意一边上学一边打工养活自己。咱们去确定下勤学俭工的事情吧，问好了再和妈妈说。"

经过一番努力，小雅和若男都以优异的成绩考上了大学，而且获得了奖学金。母亲借钱给她们交了第一年的学费，她们便开始一边上学一边打工，最终全都以优异的成绩毕业。

这样的结局，是每个人都期望看到的。小雅虽然心里怨恨若男，却很理解若男，毕竟，人都会先为自己着想。不过，幸好她以体谅的心说服了若男，让若男答应进入大学就开始勤工俭学，最终小雅才得以和若男一起读完大学。当然，这样的做法也给她们的母亲减轻了负担，可谓一举数得。

当我们需要说服一个私心很重的人，千万不要不由分说地指责他的私心。毕竟，每个人都有私心，我们也不例外。只有对他们的私心表示理解和体谅，才能让他们消除戒备心理，你的说服工作才有可能成功。

说话要简明扼要

在说服他人的过程中，有些人就像是喋喋不休的唐僧，能把思想工作分摊到若干天完成，而且每天说的话都有一部分是重复的。这样低效率的说服，会使说服对象对你所说的话失去兴趣，甚至心生反感。最终的结果就是，你在喋喋不休地说，对方或者迫不及待地逃开，或者人坐在你的面前，心却早已经神游物外，根本不知道你在说什么。

任何事情都有时效，说服工作也是如此。如果你能够简明扼要地对说服对象表明自己的观点，并且以强有力的证据证明你是对的，再以设身处地为他着想的方式提出合理建议，他有什么理由不听你的呢？人们都知道一个词语——老生常谈。一个话题翻来覆去地说，不停地说，只会让听的人失去新鲜感，也不再慎重对待。相反，倒是只说一次的话，别人会更加用心地思考。因此，在说服他人的过程中，我们一定要提炼语言，尽量做到简明扼要。能用一句话表达的，就不用十句话。能用一件事说清楚的，就不要列举很多不着边际的事例。这样的斩钉截铁，才能体现出说服的力量。

妈妈刚刚下班回家，就看到地上散落着碎纸片。原来，是昨天刚刚买的迪士尼故事被撕碎了，妈妈生气地问："谁把书撕坏了？”刚刚3岁的妹妹赶紧说：“妈妈，不是我。”5岁的姐姐也赶紧大喊：“也不是我，不是我。”妈妈仔细观察姐姐和妹妹的表情，断定是姐姐干的。其实，撕坏一本书倒是没什么，但是姐姐居然撒谎，这个问题可就严重了。

妈妈不苟言笑地盯着姐妹俩，说：“我喜欢诚实的孩子，不喜欢撒谎的孩子。没有人喜欢撒谎的孩子。书到底是谁撕坏的，必须诚实地告诉我。如果等到我查出来是谁撕坏的，撒谎的人一定会受到惩罚。”看到妈妈这么严厉，姐妹俩都沉默了。过了很久，姐姐才说：“妈妈，对不起，是我撕坏的。都怪妹妹，是她抢我的书，不小心就撕了。”妈妈继续语重心长地说：“首先，妹妹还小，她如果抢东西，你可以先让给她，然后再和她讲道理。其次，你刚才撒谎是不对的，以后一定要诚实。”接着，妈妈又给姐妹俩讲了《樱桃树》的故事，教育她们要像小华盛顿一样勇敢地承认错误。不想，妹妹在听到樱桃树的故事之后，突然吵着要喝樱桃汁，姐姐也馋了，纷纷缠着妈妈倒樱桃汁给他们喝，早把妈妈刚才说的诚实之类的话抛到脑后。

下午，妈妈和单位里的王教授谈起这件事情，疑惑地说：“我觉得我教育的好像马上就被她们忘记了。”王教授是儿童心理学专家，他笑着对妈妈说：“你呀，说得太多了。孩子的心里根本记不住那么多东西，其实，你只需要说‘撒谎的人要勇敢地承认错误，承担责任’这句话，就够了。”在王教授的指导下，妈妈暗暗决定以后教育孩子一定要简明扼要。

话说得太多，就不容易引起他人的重视了。这个道理不仅适用于孩子，也同样适用于成人。妈妈因为说得太多，反而导致错误本身不那么凸显，孩子也很快就忘记了妈妈的教诲。如果妈妈能够简明扼要地指出孩子的错误，告诉孩子正确的做法，孩子一定会记得更深刻。

在说服他人的过程中，你们可曾犯过啰唆的错误呢？尤其是针对理解力更强的成人，我们更应该精简自己的语言，做到言简意赅，这样才能顺利说服他人。

共同的兴趣让你们亲近彼此

当与陌生人第一次见面时，很多人都会觉得紧张，不知道尴尬的情势如何打破，也不知道怎么开口与陌生人交流。其实，最好的搭讪方式，就是聊聊共同的兴趣爱好。陌生人在一起，一旦提起他们最喜欢做的事情、最喜爱的宠物，往往就会有说不完的话。如果是妈妈们在一起，那就更好玩啦！原本素不相识的妈妈们，转眼之间就会因为说起孩子变得熟稔起来。细心的人可以发现，在儿童游乐场、防疫站或者是儿童医院等儿童比较多的地方，或者是在其他的公众场合，只要妈妈们都带着孩子，她们就有了永远也说不完的话题。我们为什么不向妈妈们学习呢？也许你是男性，现在根本没有孩子或者平日里很少带孩子，那么你可以和其他男性聊聊跑步、打篮球或者踢足球的事情，也可以说说最近体育界有何新的比赛，或者至少可以说说天南海北吧！毕竟，男性总是擅长历史、地理、运动的。如果你是未婚的小姑娘，那么就更好办啦。遇到和自己年龄相仿的女性，可以聊聊化妆品，说说衣服的搭配等。当然，如果你遇到的是男性，你们甚至可以聊聊宠物狗或者宠物猫。总而言之，只要找到共同点，你们就会瞬间变得非常熟悉，而且有说不完的话题。这样的沟通，无疑是让人愉快的。

在一次相亲大会上，丽娜的小狗狗突然不见了。当时她根本没心思和男孩聊天，就急急忙忙去找狗狗。她几乎找遍了公园的每一个角落，才在长椅下看到狗狗，这时，她的小狗狗正在和另外一只可爱的狗狗聊天呢！它们愉快地玩耍着，时而蹦蹦跳跳，时而安静地厮守，丽娜简直看呆了，一直静静地站在一边，没有打扰它们。

没过多久，有个男孩急急忙忙地赶来，四处张望。丽娜看到他也贴着相亲大会的会标，因此问："你也在找小狗狗？"男孩焦急地点点头。丽娜指了指长椅，示意男孩不要打扰那一对相亲相爱的小狗。站在一旁等待的时间很难熬，丽娜问男孩："你也喜欢养狗？"男孩重重地点点头，说："我的梦想就是在家里养三只狗。"丽娜笑了起来，说："哈哈哈，那咱俩有得一拼，我的梦想是养六只狗。"看到丽娜居然也如此爱狗，男孩对丽娜表现出明显的兴趣。他问丽娜："你是来参加相亲大会的？"丽娜无奈地指了指贴在衣服上的会标，说："没办法，家里催得太紧。"男孩也苦笑了一下，说："我也是，被老妈揪来的。以前的女朋友，让我在狗和她之间作出选择，我就选择了狗。"说着，男孩还俏皮地吐了吐舌头，女孩开心地笑起来。男孩接着说："留个电话吧，我三只狗，你六只狗，咱们谁也不嫌弃谁。"女孩欣然应允，和男孩一起牵着狗在公园里遛弯。他们之间有着说不完的话题，全都是关于可爱的小狗狗的。

在这个事例中，小狗狗就像是孩子帮助陌生的母亲牵线搭桥一样，也帮助丽娜和男孩牵线搭桥。尤其在听男孩说为了爱狗和女朋友分手的事情后，如果丽娜不爱狗，一定会心生担忧。但恰恰丽娜也是一个爱狗如命的人，因此她马上觉得自己找到了知音。这就是兴趣的魅力，会让两个陌生人瞬间变得熟稔，而且交谈绝不至于出现冷场。男孩则更加幸运，因为对狗的喜爱，他还顺其自然地和丽娜要来了电话，准备进一步交往。男孩征服丽娜的过程几乎毫无痕迹，只因为对狗的喜爱，他们就自然而然地走到了一起。

当你想要说服一个人的时候，如果你没有和他相同的兴趣爱好，那么也可以短期恶补。诸如，通过各种途径多多了解对方的兴趣爱好，这样最起码能保证在交流的过程中有话可说，不会冷场。等到彼此变得熟悉了，也就更加了解，说服工作自然会更顺畅。

求人，千万不要“吓人”

在这个世界上，对于普天之下的凡夫俗子来说，难免会遇到为难的事情，若是超出自己的能力范围的，只好求助于他人。那么，如何求人才能不被拒绝呢？回想起上一次求人遭到拒绝的事情，你是不是伤透了脑筋，至今还觉得颜面全无？实际上，求人是有诀窍的。只要掌握诀窍，你要求的人就一定会对你有求必应，不好意思折了你的面子。

很多人在求人的时候，张嘴第一句话就说：“我有件事情特别为难，这件事情别人都帮不了，只有你能帮我。而且，这件事情特别重要，你可一定要帮我啊，不然我就死定了。”只要是智商正常的人，在听了你的这番话之后，一定会对你避之不及。所谓助人为乐，只是帮助他人，如果事情真的这么至关重要，帮人的人哪里愿意平白无故地承担这么大的责任呢？因此，他也把丑话说在前头：“实在抱歉啊，你这么一说我还挺害怕的。我没有你想象得那么有本事，你还是试着找找别人吧！”最终的结果就是，你面红耳赤地离开了。假如能够换一种说法，也许结局会不一样。“小张啊，我有几件小事想请你帮忙。这件事情本来我自己就能办的，但是因为最近家里有些事情牵扯精力，所以想请你帮帮忙。”如此轻描淡写地求人，对方才不会害怕。要知道，求人不是吓人，如果你在别人还不知道要帮什么忙的情况下，先把人吓得够呛，那么别人当然会情不自禁地倾向于拒绝你。第二种说法则很好地避免了这种问题，小张听了之后肯定会想：“他自己就能办的事情，应该我也能办吧。他只是因为家里有事没时间，也许要耗费我的一点点时间，反正我的时间很宽裕。”如此一来，小张自然会放松下来，对你的请求也没有那么抵触。

米雪家里有事情，想下午请假。她和主管申请之后，主管让她把原计划做完的表格找个其他同事做就行。因此，米雪找到了薇薇。米雪对薇薇说：“亲爱的，我想让你帮我个忙。这个忙啊特别重要，关系到我的职业生涯。但是别人都帮不了，只有你能帮。你可一定要帮帮我啊，不然我就没有前途了。”薇薇听完之后，担心地说：“你说的是什么事情啊，这么严重，怪吓人的。要是事情真这么严重，我可帮不了你，你还是自己做吧。万一背上耽误你前途的罪名，我可承担不起。”就这样，米雪还没说出需要薇薇帮什么忙呢，就被拒绝了。

米雪家里有事情，想下午请假。她和主管申请之后，主管让她把原计划做完的表格找个其他同事做就行。因此，米雪找到了薇薇。米雪对薇薇说：“亲爱的，你能帮我个小忙吗？我有个表格没做完，主管下班之前想看。但是我家里打来电话需要我回去一趟，你能帮我把表格做完吗？其实，我已经做了一部分了，不会耽误你很长时间的。”薇薇笑着说：“做表格啊，没问题，交给我吧！放心，一定让主管满意。”就这样，薇薇高兴地接受了米雪的工作，还叮嘱米雪放心回家。

这两种不同的情形代表了“吓人”和“求人”的方法。在第一种情形中，原本是很简单的一件小事，被米雪形容得就像天要塌下来一样，导致薇薇根本不敢承诺帮她。这就是典型的吓人，除了让人感到害怕之外，没有任何好处。在第二种情形中，米雪把事情说得轻描淡写，而且说自己已经完成了一部分表格，这样一来，薇薇也感到很轻松，毕竟完成一部分表格耽误不了多少时间，何必不做个顺水人情呢！就这样，薇薇决定帮助米雪完成表格。

在生活中，每个人都经常需要求助他人。在这种情况下，千万不要把帮助的难度夸大，否则，被求助者就会心生畏惧。只有轻描淡写地说出自己的请求，才能帮助被求助者舒缓情绪，降低事情的难度。如此一来，被求助者自然愿意帮助你啦！

第 07 章

打开对方的心防：获取认同，增加彼此的亲密感

当你试图说服他人时，你会发现，你所面临的最大障碍就是对方的防范心理。尤其是现代社会，人们彼此之间的信任越来越少。因此，要想成功说服他人，最重要的就是消除对方的防范心理，让对方认同你的观点，从而与你之间保持亲密的关系。这样一来，说服工作就会变得更加轻松。

赢得信任，你才能畅所欲言

很多从事推销工作的人员，为了把商品尽快推销出去，总是一见到顾客就喋喋不休，恨不得马上能够列举出产品所有的优点，促使顾客下决心成交。殊不知，如此急功近利的交流方式，是很让顾客反感的。相反，假如销售人员能够调整心态，先试着和顾客成为朋友，哪怕是刚刚见面一分钟，也能像对待朋友一样让顾客感到轻松自如，那么成交的概率无形中就会增大许多。归根结底，顾客必须首先认可你这个人，才会接受和信任你所说的话，这样你才能提高效率，把话说到客户心里去。一旦这个顺序颠倒了，那么你的滔滔不绝就会变成无用功，是客户不愿意听的废话，甚至是聒噪的声音。由此，我们完全可以得出一个结论：你必须赢得客户的信任，才能在客户面前畅所欲言，才能把话通过客户的耳朵传递到他的心里。

面对现代社会的信任危机，人与人之间越来越不愿意给予信任的馈赠。相比起几千年前的人们路不拾遗，夜不闭户，现代人们之间，哪怕是能不怀疑，就已经是莫大的信任了。在这种情况下，想要赢得客户的信任，谈何容易？聪明的销售人员总结出了很多赢得客户信任的方法，总而言之，要想赢得客户信任，一定离不开真诚。实际上，不管我们是作为销售人员要说服客户，还是要说服朋友，抑或是要说服亲人，我们都必须首先赢得他们的信任，让他们打开心门接纳我们。这才是说服工作真正的开始。

杜威是一名保险代理人。一直以来，在推销保险的过程中，他虽然非常卖力，但是收效甚微。他很苦恼，因为他即将面临被公司淘汰的悲惨命运。他决定参加一门培训课程，因为他不想放弃销售事业。

如今，杜威已经忘记了培训课程的大部分内容，只记得培训讲师说过的一句话："你一定要首先赢得客户的信任，他们才会相信你所说的一切。"杜威记得，当时他听到这句话时，真的就如醍醐灌顶一般。他突然想清楚自己一直以来为什么工作始终不见起色了，因为他完全颠倒了这两者的顺序。以往，他每见到一个客户，马上就会开始运用各种专业术语，介绍保险的各种好处。然而，有很多客户都是家庭妇女，根本听不懂他在说什么。听到老师的这句话后，醒悟的他决定改变方法。他不再想着推销保险，而是带着各种好玩的小玩具去进行陌生拜访。当看到可爱的孩子，他就会送给他们玩具，还会陪他们玩一会儿。这样过去两个月，杜威依然没有签单，却与很多家庭主妇和孩子们成了好朋友。在第三个月，他的这些主妇朋友们主动给他打电话，咨询买保险的事宜。在杜威的推荐下，她们很信服地买到了合适的保险，并且还给杜威介绍了很多亲戚朋友邻居等。杜威一跃成为公司的销售冠军。

在这个事例中，杜威原本只想着说服客户从他这里买保险，却从未想过先把自己推销给客户。在诸多销售工作中，保险推销的工作无疑是难度最大的。因为在中国人普遍保险意识淡薄的形势下，很少有人会主动买保险。那么，推销保险只能先推销自己，赢得客户的信任，然后再把若干年后才能看到收益或者保障的保险卖出去。这就是成功的销售。

销售，就是说服客户的过程。朋友们，也许你们并非从事销售工作，不过你们依然时常需要说服他人。不妨借鉴这个保险推销员的做法吧，相信一定能够帮助你们顺利完成说服他人的艰巨任务！

迂回曲折的战术总能皆大欢喜

很多人说话都喜欢直来直去，殊不知，有些听众喜欢直截了当、开门见山，有些听众却喜欢用委婉的方式与人交流。那么，作为说服者，我们是否也应该根据说服对象的性格选择合适的方式呢？这样才能有效避免说服过程中发生意见不一致或者气氛尴尬的问题，使说服工作更加和谐顺畅，更加事半功倍，最终有个完满的结局。

在战争中，迂回曲折的战术是经常用到的。这样避重就轻的好处是，可以麻痹敌人，出其不意，攻其不备。当然，如果把这个战术用到说服工作中，效果也是非常好的。虽然不至于出其不意，攻其不备，但是最起码也能使交谈的氛围更加愉快，使一切都显得更温馨。在这样的氛围中，人们更愿意放松警惕心理，也能够打开心防，认真地听一听别人说什么，甚至会心甘情愿地采纳别人的建议。如此一来，岂不是皆大欢喜吗？

原本，妈妈答应送给乐乐一辆山地车，作为生日礼物。不想，就在生日前夕，乐乐打篮球的时候不小心摔了腿，骨折了，必须卧床静养半年左右。想到时间还早，妈妈便和乐乐商量着能否换个生日礼物，乐乐不同意。妈妈说了很多话，想要说服乐乐，因为乐乐即使骨折痊愈，短期内也不能骑山地车。乐乐伤心地哭起来，说妈妈是个大骗子，说话不算数。

后来，妈妈不再和乐乐讨论山地车的问题，而是开始和乐乐讨论游戏机。提起打游戏，乐乐当然是精神抖擞，而且他对游戏门儿清。看着乐乐眉飞色舞的样子，甚至把骨折处的伤痛都忘记了，妈妈问乐乐："你想有部游戏机吗？""当然啊，做梦都想。"乐乐毫不迟疑地说。妈妈又说："但是，你的生日礼物只能是一件。"乐乐陷入沉思，半天没说话。妈妈提议道："你觉得把山地车换成游戏机如何？毕竟，山地车即使买回家，也至少一年不能骑。游戏机则不同，虽然你的腿骨折了，但是丝毫不影响你玩游戏。这样，你每天的时间还更好打发一些。"乐乐兴高采烈地同意了，因为他此前很想买游戏机，妈妈一直都不同意。因为骨折休学一年，妈妈居然主动提出来给他买游戏机作为生日礼物，简直太好了。他对妈妈说："妈妈，我觉得你想得很有道理，也特别符合我现在的情况。本来我还发愁怎么度过在家里的漫长时间呢，这下好了，有游戏机陪伴我啦！"

因为担心乐乐的骨折伤势，妈妈临时改变主意，不想送他山地车作为礼物了。但是，临时的变动，乐乐显然不愿意接受。看到乐乐情绪激动，妈妈只得采取迂回曲折的办法，先是和乐乐聊聊他最喜欢玩的游戏，然后再试探乐乐是否愿意接受一部游戏机作为生日礼物。如此一来，她就成功地说服了乐乐，而且乐乐也非常高兴。这就是迂回曲折的魅力所在，能给我们皆大欢喜的结局。

当你们想说服他人时，是否也经常遭到他人的强烈反对呢？与其针尖对麦芒地辩论，不如改变方法，从其他的途径进行说服。所谓条条大路通罗马，原本说服别人，和谐一致，就是一件好事，没有必要弄得大家都不开心。归根结底，皆大欢喜才是最重要的。

开放性提问，助你找准对方的兴趣点

前文我们说过，在面对陌生人或者不太熟悉的人时，为了使谈话的氛围更加和谐愉快，我们应该说些双方都感兴趣的话题，最好是彼此之间共同的爱好。即使我们与对方没有共同的爱好，也可以提前了解对方的兴趣爱好，做做功课，这样不至于在交谈的时候冷场，导致尴尬。然而，还有一种情况也是我们必须想到的，即我们面对的的确是陌生人，但是我们并没有时间提前了解他的兴趣爱好，更不可能做功课，因为我们刚刚面对他，就要开始交流，努力说服他。这种情况下，应该怎么办呢？只能摸着石头过河，走一步看一步了。

即便是摸着石头过河，我们也可以尽量为自己争取机会。很多人与人交谈时，喜欢问些特别具体的问题，而且是封闭式提问。例如："你喜欢看书吗？""你喜欢打篮球吗？""你喜欢绘画还是喜欢音乐？"诸如此类的问题，别人只能回答喜欢或者不喜欢，绘画或者音乐，除此之外，再无发挥的空间。从心理学角度来说，这样的问题是引导性问题，当你期望对方按照你的思路回答问题时，采取这种提问方式当然是很好的。不过，这种问题的答案里信息量少得可怜，不适合用于向陌生人提问。当你希望从陌生人那里得到尽量多的信息，你应该改变思路，采取开放性的提问方式。例如："你平时喜欢做什么？""运动的方式特别多，你最偏爱哪种运动？""我对艺术的了解很粗浅，您呢，更喜欢哪种艺术形式？"虽然是相似的三个问题，回答的人却有了更大的发挥空间。在聆听他们回答的过程中，你也许会发现新的提问点，或者是你擅长的领域，就此和对方展开深度的交谈。由此一来，你自然能够发现对方感兴趣的点，从而更好地生发开去。

在这个聚会上，雯雯很无聊。她完全是被一个朋友临时拽过来当陪客的，因此，当那个朋友和相熟的男性在舞池里翩翩起舞时，雯雯觉得自己被整个世界遗忘了。她蜷缩在沙发的一角，不停地喝葡萄酒，借以排遣寂寞。这时，一个风度翩翩的男性走到她跟前，邀请她跳舞，她马上就像是一只处于防备状态的刺猬，近乎冷淡地说："对不起，我不会。"那个男性也坐在沙发上，笑着说："正好，我也不经常跳舞。咱们可以一起喝酒，聊聊天。"

男性问雯雯："请问您是哪里人？您的普通话说得非常好，很纯正。"

雯雯笑了，毕竟每个女孩都喜欢听到恭维，她说："我是苏州人。我以前就读师范院校，普通话考级是一乙。"

"哇塞，苏州人居然把普通话说得这么好，您读书的时候一定是乖乖女，非常用功。我曾经去过苏州，人们说的苏州话，我几乎听不懂。很高兴认识您啊！您能和我介绍介绍苏州的著名景点吗？我上次去是跟团，行程匆匆忙忙，还想再去一次呢！"

雯雯感觉到面前这个男性还算可爱，因此说："读书的时候的确很用功。苏州最有名的景点当然是园林，如拙政园、留园等。那里的园林不同于北方城市的园林，很精致，讲究一步一景。"

男子马上附和道："是的，是的。我去过拙政园，觉得和颐和园相比，简直太小了，但是很精致，别有韵味。就像是您的美丽，也很精致，不同于北方的女子，有一种婉约的气质。"

雯雯的嘴角情不自禁地挂上微笑。接下来的很长时间，他们都在谈论苏州园林和苏州女子的美丽。这时，响起了另一支舞曲，男子适时地说："现在这首曲子清新舒缓，正适合苏州的美女，不如咱们也去跳一支舞吧！”雯雯笑了，她没法拒绝这样的邀请。

在这个事例中，被拒绝之后，男子并没有放弃，而是采取开放式提问的方式，和雯雯开始交谈。再加上他恰到好处的恭维，原本落寞寡欢的雯雯，也兴致高昂起来，说了很多关于自己的事情。当再次面对男子的邀请，雯雯当然无法拒绝，因为他们显然已经在交谈中变成了熟悉的人。就这样，男子成功了解了雯雯，还赢得了雯雯的好感，获得了与雯雯共舞一曲的机会。

很多时候，我们面对陌生人之前根本没有机会做功课，也就没有时间去准备谈资。这时，我们必须发挥聪明才智，运用开放性问题，灵活地从交谈中得到更多的信息，从而了解对方的兴趣点所在，与对方更好地交流。

模糊原理，在谈话中也应运用得宜

在生活中，人们发现很多事情无法精确地表达。当我们需要说服他人时，为了获取更多的信息，也没有必要把话说得过于精确。如果能够很好地把模糊原理运用在谈话中，你就会发现适时地采取模糊的方式说话，能够让你收获意外的惊喜。众所周知的天气预报，曾经有人调侃天气预报是世界上唯一可以天天犯错的工作，就经常使用模糊用语，如“全市晴，局部地区有小雨”，这里所说的局部地区，到底指哪里呢？自然是哪里下雨就指哪里喽。

在谈判过程中，很多条件都必须说得非常精确，而谈判桌上的每一句话，也都承担着重要的责任。如果拿不准的事情，与其说得过于精确被人抓住把柄，不如使用模糊语，等到对方提出来时再行确定。尤其是在交谈中，使用模糊语还能让对方心生忐忑，也许会因为紧张透露更多的信息，这对于谈判都是至关重要的。

老张代表公司与这家企业进行谈判。前期谈判进行得很顺利，然而，在下午开始商榷具体条款时，就没有那么和谐了。针对利润分配的问题，对方问老张："张老师，您是怎么看的呢？"老张笑了笑，说："大差不离吧！"这句话让对方丈二和尚摸不着头脑，再加上老张看不出任何心理活动的表情，对方代表更忐忑了。

对方代表说："张老师，您别说差不多啊。这个东西都是要落实在条款上的，如果您不满意就说，我们一定会认真考虑，作出让步的。要不，您觉得把我们的利润再降两个百分点如何？"其实，老张对于刚才对方提出的意见，没有什么反对的。不过，他还是不温不火地说了个"大差不离吧"，这样一来，对方代表就很担心，生怕他们给出的条件太苛刻，因此主动又降低两个百分点。所谓姜还是老的辣，老张真是把模糊语言运用得出神入化啊！

如果老张在对方提出建议时，直截了当地表示接受，那么事情的结果就完全不同了。虽然两个百分点不是个大数目，但是随着合作的增多，积少成多，对于公司的利润影响还是很大的。老张正是运用模糊语，搅乱了对方代表的心，使得他们小乱阵脚，最终主动再降两个百分点。老张呢，也得以圆满完成任务。

在和他人交流的时候，模糊语言的合理运用，能帮助我们避免很多尴尬，也能帮助我们争取主动。朋友们，如果你们也面临棘手的谈判，或者是你们的说服对象实力很强，那么不妨也借鉴老张的做法，使用模糊语，让对方暴露出更多有效信息，甚至主动作出让步。

与其遮遮掩掩，不如开门见山

当我们要说的事情有可能引发严重的后果时，你是选择隐瞒，还是选择说出来？很多耍小聪明的人会选择隐瞒，因为他们觉得瞒过一时是一时，先把事情做了再说。真正有大智慧的人不会留下这么大的隐患，导致日后麻烦不断。他们会选择主动说出有可能造成的后果，让说服对象心中有数，也有一定的心理准备。俗话说，作最坏的打算，向着最好的方向努力，就是这个意思。只有怀着这样的心态，才能坦然承受一切可能的后果，依然傲然屹立。这就是勇者的风范，他们有着深刻的洞察力，因而能够把控全局。

事情的后果往往是无法避免的，因为即使我们谋划得再好，也总有算计不到的时候。一旦事情无法按照我们预想的好方向发展，那么该怎么办呢？任何隐瞒和谎言，在这个时刻都会毫不留情地被事实揭穿。与其等到这样尴尬时刻的到来，不如提前就把最坏的情况想到，说出来，换来的将会是从容不迫和宽容体谅。这就是开门见山的好处。

孟获大学毕业后，不想找那些形同鸡肋的工作，而是想自主创业。在读大学期间，他一直帮助很多网络公司编程，做网站，因此经验还是比较丰富的。但是，他缺少资金。为了筹措资金，孟获和很多同学都取得了联系，告诉他们自己的想法。毫无疑问，大家都对孟获的想法感兴趣，然而，没有人敢一下子拿出那么多的资金。其实，他们和孟获一样一穷二白，只不过家里有钱而已，父母可以提供支持。无奈之下，孟获只好逐一拜访他们。

前几个同学都杳无音信，在最后这个同学家里，孟获得到了同学及其父亲热情的接待。当孟获说完来意之后，对方让孟获给他介绍下项目的可行性和相关资料。孟获拿出事先准备好的厚厚一沓资料，开始有条不紊地陈述。在最后，同学的父亲有些眉头紧皱，然而，孟获只能殊死一搏了。合上资料夹，他对着同学父亲说："伯伯，有件事情虽然不在这个资料夹里，但是我想我应该与您坦诚相见。任何投资都有风险，我虽然有工作的经验，但是并没有独立运营公司的经验，因此一切都要摸索着进行。即便万事俱备，项目也面临着失败的风险，毕竟市场是瞬息万变的，我只是考察了现在的市场，并且进行了简单的预测。如果您信任我，我一定会竭尽全力把公司做好。如果您心有疑虑，我也完全能够理解您，毕竟，我和您的儿子一样都是初出茅庐的大学生。"说完，孟获就项目的几个短板，进行了深刻的分析。至此，同学父亲紧皱的眉头舒展开了。他欣慰地说："如果你说这个项目是百分之百盈利，我肯定不会投资。但是听完你分析项目的短板之后，我反而踏实了。这说明你是真诚的，也是经过深思熟虑的。我决定给你投资，就当是支持年轻人创业吧！"

在说服同学父亲的过程中，孟获先是阐述了项目的诱人之处。然而，任何获利的事情都有相应的风险，这一点是稍微有些创业经验的人都心知肚明的。幸好，孟获没有任何隐瞒，而是把风险和盘托出，也许恰恰是他的坦诚感动了同学父亲，这也使孟获得到了开公司创业的资金支持。

不管什么事情，我们都要看到两面：好的一面和坏的一面。当然，在说服他人的过程中，我们仅仅自己看到两面是远远不够的，我们还必须把这两面坦诚地陈述出来，这样才能获取他人的信任。

共同的秘密，让你们瞬间变成“战友”

人与人之间的关系是很微妙的，也许前一秒钟还是朋友，后一秒钟就变成了敌人。当然，我们努力的方向，就是拥有更多的朋友，消除更多的敌人。如果能够化敌为友，那当然是朋友圈里的美谈啦！当然，最至高无上的是“战友”，同生共死，友谊的坚固程度远远胜于朋友。如何才能获得“战友”呢？其实，战友并没有那么难得到。正所谓没有永远的敌人，只有永远的利益。当利益把你们变成一根绳子上的蚂蚱，你还担心什么呢？况且，每个人都是讲感情的，一旦你们在相处的过程中产生深厚的战友情谊，自然也就无须担心战友会背叛你啦。想想就觉得很美，在同事之中，有一个属于你的战友，你们志同道合，彼此信任。

为了让职场生涯变得更加美好，从现在开始就寻摸战友人选吧，因为本文接下来要讲的方法，能够让你瞬间就拥有一个铁杆战友。加油吧！

小米刚刚进入这家公司，谁都不认识，很孤单。再加上她是公司里唯一的大专生。小米知道，自己应该尽快与某个人结成同盟，这样她就不用一个人孤孤单单地吃饭、孤孤单单地午休了。

找来找去，小米觉得马姐人还不错。虽然她也有些瞧不起小米，但是在小米主动向她问好的时候，还是会冲着小米笑一笑。就这样，小米把目标锁定在马姐身上。周末的晚上，其他人都下班了，只有马姐还在加班。看得出来，马姐很着急，因为她3岁的女儿还在幼儿园，在盼着妈妈去接她呢！小米主动对马姐说：“马姐，我来帮你做表格吧，你早点回家，你女儿还在幼儿园等着你呢！”马姐看着小米，显得很犹豫。小米说：“马姐，放心吧，这件事情谁也不会知道的。我单身一人，晚点儿下班也无所谓，你别让女儿等急了。”就这样，马姐把工作交给小米，去接女儿了。小米完成得非常好，而且帮助马姐把表格发到了老总的邮箱里。

周一的例会上，老总特意表扬了马姐：“希望大家都向马姐学习，虽然家里有老有小，但是工作上从来不含糊，这次的表格，又是马姐第一个上交的，而且连个小数点都没错。”马姐感激地看着小米，小米开心地笑了。从此之后，小米一直和马姐走得很近，因为她们俩有共同的秘密。

小米非常聪明，初来乍到的她敏感地意识到，自己应该有个同盟军。为此，她找来找去，把目标锁定在马姐身上。因为马姐家里有孩子需要接送，所以工作难免会有些吃力，小米的帮助对马姐来说无异于雪中送炭，让马姐感激不尽。这样一来，马姐心甘情愿地成为了小米的“战友”。

朋友们，如果你们也想拥有“战友”的情谊，那么也应该向小米学习，不要吝啬付出。只有乐于助人，而且帮助他人保守秘密，你们才能收获他人最真诚的友谊。

一百句誓言，不如一次行动

很多人在无奈的时候都喜欢发誓，仿佛誓言是他们唯一能够博得他人信任的办法。其实，如果他人不信任你，自然也就不会信任你的誓言。归根结底，你只有首先赢得他人的信任，你的誓言才是誓言，否则就是一句空洞的毫无意义的话。由此可见，一百句誓言，也不如一次切切实实的行动，更容易让人看到你的决心，和你说到做到的雷厉风行。

有多少人都曾被誓言骗过？尤其是在爱情之中，当热恋的男男女女，在荷尔蒙的作用下说出信誓旦旦的甜言蜜语，早晚有一天他们会发现，那只是有效期短暂的誓言。在生活的磨砺面前，很多人都背叛了誓言，选择了逃离。当誓言成为空话，还有什么是可信的呢？只有行动。当你以行动证明了自己的诚意，接下来是更加艰巨的任务，你要以坚持不懈的行动赢得终身的信任，这才是最难的。当然，一辈子是对最爱的人而言的。对于生活中的大多数人，路遥知马力，日久见人心。只要言行一致，人们自然就会感受到我们的为人品行。信任，也就是水到渠成的事情。

正在热恋之中的徐宇和唐玉分手了。分手的原因是徐宇和其他女孩有暧昧关系，每天打情骂俏。虽然徐宇认为暧昧并不是严格意义上的出轨，但是唐玉依然接受不了。也许是因为失去了才懂得珍惜吧，徐宇在和唐玉分手之后，越来越觉得唐玉最好，也更加想要与唐玉和好。然而，他用了很多办法，诸如送花啊，请吃饭啊，一起看电影啊，等等，都不能使唐玉回心转意。徐宇无奈地说："我又重新追了她一遍，她却不肯原谅我。"这时，徐宇的一个朋友以过来人的身份说："哥们儿，女人信一个人就死心塌地，一旦怀疑一个人，就很难再打消疑虑。我觉得，你还是要解开她的心结，她才会原谅你。"

在朋友的点拨下，徐宇每天都给唐玉发短信，发誓自己以后再也不和其他女孩玩暧昧。然而，三个月过去了，这些誓言被说了一百多遍，唐玉根本不相信。无奈，徐宇只好以实际行动表示自己的决心：他每天下午一下班就回家，然后用家里的座机给唐玉报岗；早晨一起床就用座机给唐玉打电话，让唐玉知道他在家里；每到周末，徐宇也不再和自己的哥们儿出去喝酒，而是乖乖地去唐玉家报到，帮助唐玉的爸爸妈妈做些力气活儿。最后，连唐玉妈妈都劝唐玉：“玉啊，我觉得徐宇真的改好了，你看看，这一年来他表现多么好啊！”就这样，唐玉原谅了徐宇，和徐宇重归于好了。

徐宇显然犯了致命的错误，导致他失去了唐玉的信任。幸好，他的朋友给他出了个好主意，让他用实际行动证明自己。从此之后，徐宇就变成了很乖的男孩，每天都向唐玉报岗，还主动利用周末的休息时间以准女婿的身份帮唐爸爸和唐妈妈做些体力活。在考察了将近一年时间后，唐玉才再次信任徐宇，接受徐宇。

凭借三寸不烂之舌说些好听的甜言蜜语，几乎每个男人都能做到。难的是，他们能够以实际行动表现自己的决心，收获爱人的信任。当然，未必我们每个需要说服的对象都是我们的爱人。如果我们需要说服的是普通关系的朋友、同事，那么只要我们以实际行动证明一次，就能给予他们很大的震撼。总而言之，说一百句，也不如一次真正的行动。那么，从现在开始，行动起来吧！

第 08 章

直击人性的弱点：从对方最弱处下手进行说服

一个人，即使再怎么坚强，心底里也会有非常柔软的部分。在说服的过程中，如果攻坚不利，那么我们就可以从他们最柔软的地方着手，努力打动他们，让他们内心的坚冰融化。一个人，即使再怎么顽劣，也会有所牵挂和惦念。就像犯罪心理学家在与罪犯进行心理搏斗的过程中，往往都从罪犯最放不下的人或者事情入手，才能攻破他们心中的堡垒。这些，也许都可以统统称为弱点，是一切人性最本质最真实的特点。

你真的很重要

谁不希望得到他人的关注和爱呢？尤其是自己最在乎最爱的亲人和爱人。当你感觉到自己被亲人抛弃的时候，你一定会觉得整个世界都黯淡无光，因为你失去了存在的意义。尤其是对于年幼的孩子而言，他们从呱呱坠地开始，就依赖父母生存，也依赖父母不断成长。当有一天，他们发现父母不再关注他们，他们幼小的心灵一定会受到深深的伤害。这样的情况，在很多孩子身上都有所体现。

在养育孩子的过程中，父母最重要的就是给予孩子足够的关注和爱。不管是孩子还是成人，对于任何人而言，只有觉得自己很重要，才能获得自信。试想，如果你默默无闻地生存在世界的一个角落中，你还有信心面对自己和他人吗？“你真的很重要。”在面对我们所爱的人时，或者面对与我们有着亲密关系的人，抑或是我们即将与其发生关系的人，我们一定要传达这样的感受给他们。这样，他们才会向我们敞开心扉，更好地接纳我们。

随着二胎政策的推行，越来越多的老大感受到失落。当幼小的生命在全家人的期待中降临人世，当久已没有听到新生儿啼哭的父母再次感受到生命的悸动，每个人的心里都满怀喜悦。然而，老大对于老二的欢迎只维持了很短暂的时间，他就感受到落寞的心情。他发现，不管是爸爸妈妈，还是爷爷奶奶，大家似乎都不再关注他的存在，只顾着围着小弟弟或者小妹妹忙碌。他蜷缩在沙发的角落里，感受自己的寂寞。为了报复，他甚至趁着家人不注意，狠狠地掐了小妹妹一下。的确，他幼小的心灵很确定，是这个满脸皱纹的丑八怪夺走了曾经享受他的爱。

很多妈妈都因为老大与老二不能和谐相处而烦恼，甚至无法阻止老大在背地里偷偷打老二的事实。如何才能说服老大呢？不停地告诉他小妹妹很小，需要家人无微不至的照顾，再给他画饼充饥，说小妹妹长大以后会成为他最亲密无间的朋友，陪伴他一生一世。这些话对孩子而言似乎并不能起多大作用。其实，孩子的心思很简单，他们只是想确定爸爸妈妈是否还爱他。

当五岁的冰冰独自在小床上睡觉时，他不由得伤心地哭起来。妈妈问他："宝贝，你怎么了？"冰冰伤心地问："妈妈，有了小妹妹，你们还爱我吗？"妈妈把冰冰搂在怀里，说："爸爸妈妈，还有爷爷奶奶，还有小妹妹，都非常非常爱你。你是我们永远的宝贝，这一点不会改变。"这么简简单单的一句话，没有任何大道理，冰冰安心地睡着了，嘴角挂着微笑。妈妈发现，冰冰对小妹妹的态度有了很大的改变，因为在冰冰的心里，小妹妹不是来和他争夺爱的，而是来给予他更多爱的。世界上又多了一个爱他的人，有什么不好呢？

你真的很重要，我们会永远爱你。当我们把这个信息传递给孩子，他们一定会感到无比心安。为了爱他的那个小生命健康成长，他甚至会成为爸爸妈妈的小帮手，一起照顾弱小的小弟弟或者小妹妹。在上述事例中，冰冰对小妹妹的感情由新奇喜爱，变为厌恶憎恨，甚至会偷偷地掐小妹妹。不过，在妈妈告诉他事情的真相后，他突然之间就改变了。原来，孩子一切的不安感，只是因为他们不知道自己是否依然重要。确定这一点后，他和爸爸妈妈一样爱小妹妹。

生活中，你们是否也曾经质疑自己是否重要？那种找不到自己地位的感觉，真的很难受。对于任何人来说，这样的感觉都很糟糕。既然如此，我们为什么不告诉他人：“你真的很重要。”虽然只是简简单单的一句话，但是这句话有着无穷的魔力，能够帮助你打开他人的心门，赢得他们的信赖。

让你三尺又何妨

俗话说，千人千性。也就是说，每个人的性格都是不一样的。有些人性格软弱，不管什么事情都前怕狼，后怕虎，难以决定；有些人性格刚强，做事情总要争个输赢。其实，性格软弱的人顶多就是吃点儿亏，但是性格刚强的人则会徒增很多烦恼。实际上，人世间的很多事情都不像我们想得那么重要，因此完全没有必要凡事较真。只有随性一些，宽和一些，人生才能更加开阔。

很多人之所以生活得郁郁寡欢，每天都愁眉苦脸，就像别人借了他的钱没还一样，就是因为他们计较得太多，放下得太少。常言道，退一步海阔天空。既然进退本没有那么重要，我们为何不能适时地退让一步呢？这样，你会发现心情豁然开朗，也会给身边的人带来更多的美好。

清朝康熙年间，国泰民安，百姓安居乐业。当时的大学士、礼部尚书张英，是安徽桐城人。他一直在京城为官，家中老幼都在安徽。原本，张家就是本地的名门望族，再加上张英是当朝大官，所以张家的势力就更加强大。张家老宅和吴家相邻，他们两家之间有个很窄的巷子，平日里两家人如果有往来，就从巷子里通过。后来，吴家想要重新翻建房屋，提出要占用窄巷，张家当即表示拒绝。张家人全都愤愤不平地想：“这条巷子原本就是两家人的，凭什么被吴家人占用呢？”为了此事，张家和吴家纷争不断，争执不休，他们闹到了县衙。不想，县衙忌惮张英在京城为官，也不想得罪人丁兴旺的吴家，因此支支吾吾，断了半天也说不出个所以然来。

看到县衙指望不上，张家人给远在京城的张英写了一封信，让张英主持公道。看到家人和邻居为了一条小窄巷闹起了别扭，张英提笔回信给家人：“千里修书只为墙，让他三尺又何妨？万里长城今犹在，唯独不见秦始皇。”看到信后，张英的母亲连声叫好。她遵从儿子的意思，让家人主动让出三尺空地，以便将来交通所用。吴家人看到张家非但不再追究小窄巷的事情，反而让出了三尺地，不由得深受感动，也效仿张家的样子，主动把宅基地退后，让出三尺地。如此一来，就形成了一个六尺宽的巷子。这样，不仅张家和吴家可以从巷子里通过，附近的乡邻们也多了一条道路。

如果张家一味地和吴家因为巷子的问题争执不休，那么邻居之间就会和气尽失，甚至会影响人们之间和谐相处。张英不愧是当朝的大学士，心怀广阔，当即提笔劝说家人放开心胸，主动相让。如此一来，吴家也深受感动，效仿张家的举动，巷子非但没有消失，反而更宽了，附近的乡邻们也多了一条近路可走。

世间的事情就是这样，原本觉得寸步不能相让，一旦想开了，就会豁然开朗。人心，可以像天空一样高远，也可以像海洋一样辽阔。

了解他，首先从他阐述自己开始

当很多人在一起交谈时，往往争先恐后地说着，谁也不愿意落后。每个人都迫不及待地想要表现自己，却忘记了付出一双耳朵也是很重要的。在和他人交往的过程中，我们往往更加重视嘴巴的作用，而忽视了耳朵的能力。上帝之所以给我们一双耳朵，而只让我们长着一张嘴巴，就是因为上帝觉得倾听比倾诉更加重要。倾听他人，我们才能了解关于他人的信息，才能走进他人心里，了解他们内心深处的想法。倾听他人，我们也同时表达了对他人的尊重，让他人对我们产生好感，喜欢与我们交朋友，或者作为回应，他们也会认真地倾听我们。总而言之，如果你想了解一个人，就一定要从倾听他开始。

有些人性格比较外向，喜欢滔滔不绝地倾诉自己。在这种情况下，我们只要付出耳朵就行了。然而，如果对方性格相对比较内向呢，还可以侧耳倾听吗？当然不能。对方不说，你怎么听？遇到这种性格类型的人，你就必须提出问题，引导对方阐述自己。

夏雨是一名售楼人员。最近，新房市场非常火爆，夏雨也赚得盆满钵满。这一天，他接待了一个客户。虽然下着大雨，但是客户还是打车过来看房，并且在实体样板间里逗留很久，很有诚意。然而，在看完房之后，客户说回家考虑考虑，便一去不复返，再也没有消息。夏雨持续地和客户联系，客户都推说有事，买房并没有实质性进展。

一个周末，夏雨好不容易才把客户约过来。客户很沉默，半天都不吭声。无奈之下，夏雨只好转移话题，和客户有一搭没一搭地聊起来。刚开始时，客户很抵触，根本不想张嘴说话。聊了一会儿，夏雨问客户买房子几口人住，客户才开始说："其实，我有套小房子，不过只是两居室，现在孩子大了，不好住。我的老丈母娘一直跟着我们，从孩子小的时候她就帮我们看孩子，现在孩子大了，我们当然也不能让她回家。她肯定是要跟着我们的。"听到这里，夏雨说："哦，那我觉得您应该买一套三居双卫的房子，而且最好动静分离的，这样和老人一起生活，住起来也比较方便。"果然，这句话说到了客户心坎里，客户说："买呢，肯定是要买的，也当然想买套你说的三居双卫。就是价格太高了，觉得有些压力大。"夏雨耐心地劝说客户："您的小房子应该会卖掉的吧。虽然前期压力大些，但是等到后期您的房子卖了，提前还掉一部分贷款，压力就没那么大了。虽然小三居价格更合适，不过房子毕竟不是三天两头就买卖的，换房也很麻烦，还是一步到位更划算一些呢！"听了夏雨的话，客户连连点头。就这样，在夏雨耐心的分析下，客户最终狠下心了，订了一套三居双卫的房子。

在带完客户看房之后，夏雨完全摸不到客户的脉了，根本不知道客户在想什么。幸好，夏雨竭尽全力又把客户约到了售楼处。这次，他以和客户聊家常的方式，了解了客户的购房需求，也知道了客户的担忧。很简单的道理，我们要想在战场上取得胜利，必须知道敌人在哪里。就像夏雨的销售工作一样，如果根本不知道问题出在哪里，又如何集中精力解决呢？夏雨凭着耐心的倾听，和以真诚的沟通方式让客户主动阐述自己，最终了解了客户的心理，从而彻底打消了客户的疑虑。

在生活中，你们是否也经常遇到这样不愿意交流的人呢？与其就像瞎猫抓死耗子一样乱碰，不如多花一些时间，和他们真诚地交流，了解他们的内心，这样才能有的放矢。

与其听别人的，不如听自己的

很多时候，即使别人的建议很对，我们也不愿意采纳。究其原因，我们并非排斥那个建议本身，只是不想听别人的话。这就是一种叛逆的心理。生活中，有这种叛逆心理的人很多，他们往往喜欢钻牛角尖，也不愿意随和处事。对于这样的人，如果想让他们采纳你的建议，最好的办法就是让他们“听自己的”。那么，说服的意义在哪里呢？这里所谓的听自己的，并不是说放弃说服，让他们按照自己的心愿作出决定。而是把我们的想法改头换面，变成他们的想法，这样一来，他们还会因为不愿意听从别人的建议而刻意排斥我们吗？只怕当他们意识到好主意是他们自己想出来的时，会迫不及待地想要将其变为现实呢！

这就是一种心理战术，正所谓“偷梁换柱”。在教育孩子的过程中，细心的父母会发现，当孩子处于叛逆期时，不管父母说什么，他们都会不由分说地表示反对，甚至连认真想一想父母的建议都不愿意。这个时期，孩子的自我意识越来越强，更加希望得到自己的权利。因此，他们很排斥别人安排他们的生活，甚至也不允许别人干扰他们的自由。在这种情况下，如果一味地和孩子反着来，也许会给孩子的心理发展带来阻碍，甚至造成心理阴影。其实，亲子之间的关系和普通的人际关系有着相似之处，即使面对孩子，我们也应该采取策略。如果我们能引导孩子自主地提出我们的想法，那么也许他们就不会那么抵触了。拥有融洽的人际关系是每个现代人的梦想，从现在开始，就让我们开动脑筋，多多努力吧！

思彤虽然刚刚上初中，却已经非常叛逆了。这不，在选择兴趣班的问题上，他和妈妈就产生了极大的分歧。妈妈想让他报名参加篮球兴趣班，这样不但可以在紧张忙碌的学习之余活动筋骨，还可以强身健体。思彤很想报名绘画班，妈妈表示反对。就这样，娘俩谁也不服气谁，彼此怄气。

看到妈妈唉声叹气的样子，爸爸想出了一个好办法。一个周末，爸爸带着思彤去体育馆打篮球。在篮球场上，思彤看到爸爸熟练地投球、三步上篮，不由得敬佩万分。思彤问爸爸："老爸，你每天都对着电脑编程，想不到你还有这手绝活啊！"爸爸笑着说："当然，你没发现吗？我的很多同事都是近视眼，只有我，视力一直保持5.0。"爸爸的话显然说到了思彤的心坎里，思彤兴奋地说："爸爸，难道打篮球对视力也好吗？""当然啦。打篮球眼珠子必须跟着球走，灵活转动，而且要不停地跑跑跳跳，是对视力的极大保护。"思彤若有所思地说："我的视力也不太好，我可不想戴眼镜，要不以后都不能自由地游泳了。""可不，不但不能游泳，冬天去饭馆吃个饭都很麻烦呢！"听了爸爸的话，思彤陷入了沉思。没过几天，他主动和爸爸商量："爸爸，要不我还是报名参加篮球兴趣班吧，我想和你一样保持好视力。"爸爸笑着说："当然好啊！不管你作出什么决定，我都支持你！"

在这个事例中，思彤之所以和妈妈拧着干，并非他不喜欢打篮球，主要是不想听从妈妈的安排。相比妈妈激进的方式，爸爸的办法显然更加柔和一些。他间接地告诉思彤打篮球对保护视力有好处，这一点恰恰是思彤很在意的。不过，爸爸并没有建议思彤报名参加篮球班，而是等着思彤主动说出自己的决定。爸爸的"计谋"得逞了，思彤从妈妈让他报名篮球班，到他想报名参加篮球班，积极性和主动性当然也是不一样的。

朋友们，面对一个固执的说服对象，你们是否说得口干舌燥也不起作用，甚至导致事与愿违的结果呢？与其怨天尤人，不如学着思彤爸爸的样子，把自己的观点根植到说服对象的心里去吧！

崇高的使命感，让人痴狂

人为什么会心甘情愿地做很多事情？因为这些事情是他们喜欢做的，是他们认为自己该做的，或者是他们认为自己肩负着做这些事情的神圣使命。总而言之，他们在对一件事情表现出狂热的积极性时，一定有他们的理由。那么，当我们想要说服某人做某件事情时，可以采取哪些方式呢？我们可以培养他做这件事的兴趣，也可以告诉他为什么必须这么做，当然，还可以激发他崇高的使命感，让他意识到他肩负着别人所不能完成的使命。毫无疑问，第三种方式会使说服对象对某事产生责无旁贷的使命感。这样一来，他也就会不遗余力地投入到这件事情之中，不达目的，坚决不放弃。显而易见，这种说服别人的方式是最能够激发人的内在斗志的，对于完成某件事情也最有保障。尤其是当这件事情本身就意义非同寻常时，他也许还会斗志昂扬，百折不挠呢！

朋友们，你们是否也曾经有事情求助于他人呢？当对方犹豫着不想答应你的请求时，不妨借鉴智慧，让完成这件事情的任务变得更加伟大光荣吧！这样一来，就会有人心甘情愿地冲锋陷阵，而且无怨无悔呢！

认同之后的建议，更容易被接受

既然涉及说服，就说明至少有两方的观点是不同的。在这种情况下，不管是哪一方说服对方，都需要努力。在说服对方的时候，如果不想遭遇闭门羹，最好的办法就是先认同对方的说法。也许有人会说，他的说法就是错的，所以我才要说服他，又怎么可能认同他呢？明智的人这个时候不会纠结于对错，毕竟最终的目的是说服他人，那么过程委婉曲折一些，也是正常的。假如刚刚开口就不由分说地否定他人的观点，必然招致他人的厌恶，对方也就不会愿意听你继续说下去。相反，假如你能够先认可对方的观点，让对方找到与你志同道合的感觉，然后再陈述理由，循序渐进地说服对方，那么就更容易让人接受。只有这么做，说服工作才有可能顺利开展下去。

每个人都需要认同感，虽然每个人的观点因为自身的限制，会存在很多很大的不同，然而，交流的最终目的不就是求大同存小异吗？我们应该允许不同观点的存在，我们也有权利根据自身需要去说服他人，这一点儿都不矛盾。

西西8岁了，每天早晨都要自己选择衣服穿。一个冬日的早晨，西西拿出头一天晚上准备好的毛呢裙子，想要穿着去学校。这时，妈妈提醒她：“西西，今天有大风，还会下雪，你应该穿得厚一点儿哦！”西西很不乐意，嘟着小嘴说：“我不怕冷。”看到西西的模样，妈妈意识到应该用点儿小计谋说服她。因此，妈妈笑着说：“西西这件裙子特别漂亮，妈妈也喜欢这件裙子呢！”西西马上转怒为喜，笑着说：“妈妈，西西穿上这件裙子会更漂亮！”“当然，西西是小美女呢！”妈妈恭维道。眼看着西西情绪越来越好，妈妈才说："西西，外面好像下雪了呢！你伸出手去窗外接一朵雪花吧！"西西乖乖地打开窗户，伸出手去。突然，一阵风吹过来，把她的小手冻得通红。

西西赶紧关好窗户，说："妈妈，真的很冷。"妈妈说："要是感冒可就糟糕了，不但要喝那么苦的药，有可能还需要打针。"这时，西西想了想，问："妈妈，穿裙子会感冒吗？"妈妈点点头，说："这是冬天最冷的时候，的确很容易感冒。要不这样吧，你把裙子穿在里面，外面再穿个羽绒外套。这样，你到了学校脱掉外套，有暖气就不会冷了。"西西高兴地接受了妈妈的建议，说："妈妈，你可真聪明啊！"

如果妈妈一开始就坚决否定西西挑选的衣服，让西西穿更厚的羽绒服，也许西西会当即伤心地哭起来。对于七八岁的小女孩而言，正是最爱美的时候，也不喜欢别人否定她们的选择。妈妈的做法很聪明，先是认可西西的眼光，说她挑选的裙子非常美丽。然后，又让西西伸出手去窗外接雪花，感受寒冷。最后在西西担心感冒时，恰到好处地说出自己的建议，西西果然高兴地采纳了。

不管是面对孩子，还是面对成人，当我们想要说服对方时，都不要急着否定对方。毕竟，每个人都是人，而不是神，都有想不周全的时候。只有中肯地给出我们的建议，对方才会更加慎重地思考，最终作出正确的选择。

人人皆有恻隐之心

人是感情动物，每个人都有感情。感情，让我们更加热爱这个美好的世界，也更宽容地接纳我们身边的每个亲人爱人和亲戚朋友。甚至是对于陌生人，人们也很容易就会动恻隐之心。毕竟，作为地球的居民，我们每个人的命运都是息息相关的。不管是在观看电影还是电视时，一旦遇到让我们感动的情节，我们就会情不自禁地落泪，这就是动情的表现。两个原本素不相识的年轻人，因为缘分相识相知，最终相爱结为夫妻。他们非亲非故，为什么能相伴相守一生，不离不弃呢？这是感情中最美好的爱情在成全他们。对于孩子，我们不但生养了他们，更是耗尽心力陪伴他们成长，辅佐他们更好地行走人生，这也是因为感情——亲情。如果人世间没有感情会怎么样？那一定就如沙漠中没有水，毫无生机，让人失去活下去的欲望。人之所以活得这么精彩，就是因为感情的陪伴。可以说，没有任何人能够脱离感情活着，即使是独自在荒岛上求生，心中也怀着于家和亲人无比的思念。

感情，是造物主赐予人类最美好的礼物。因为感情，我们不但爱亲人，我们也爱陌生人；我们不但爱人类，我们也爱小动物；我们不但顾全自己，也想尽量成全他人。在我们需要求助于他人的时候，尤其是当我们需要求助于陌生人的时候，既然没有感情基础，那么应该怎么办呢？那就是打动他人的恻隐之心。恻隐之心不同于我们日常生活中对亲人爱人的感情，即使是在陌生人之间，人们也会有恻隐之心。例如，走在路上你看到一个乞丐又累又饿，几乎虚脱，你会把自己随身带的食物给他，帮他渡过难关；当你看到流浪的小动物即将饿死在公园里时，你很可能把家里的剩饭剩菜拿过去，给小动物果腹；路上遇到疑似被拐卖的儿童，你一定不会吝啬停下脚步，给孩子拍张照片传到网上，让他的父母能够早日找到他……所有这些，都是我们的恻隐之心。在说服他人时，如果你陈列了很多理由都不足以说服他们，那么你就可以选择一些事情来打动他们。一旦他们动了恻隐之心，他们的心就会变得柔软温暖，他们就会愿意伸出援手。

中国有很多地方都严重缺水，甚至连饮用水都无法保证充足供应。这些地方急需水窖，这样才能提高人们的生活质量。总有些悲天悯人的慈善家，他们不但关注自己的生活，也更关注那些需要帮助的人。他们四处奔走呼号，呼吁有钱的人捐出一定的金钱，来帮助这些地方修筑水窖。陈培就是这样的一个人。其实，他自己也很贫穷，又因为热衷于慈善事业而耽误了工作。但是，这一切都不影响他为慈善事业而努力。只要有时间，他就会挨家拜访那些企业家，让他们少吃一顿奢侈的大餐，为贫困山区多修筑一个水窖。很多人不理解，会把陈培拒之门外。也有些有公益心的企业家，慷慨解囊，让陈培给山区送去清泉。

有一次，陈培敲开了一个老板的门。这个老板是做图书生意的，很有钱。当陈培说清来意之后，他却毫不犹豫地拒绝："我可没钱捐款，我还想去找点儿捐款用呢！"陈培没有气馁，他拿出一沓照片，展示给书商看。陈培很细心，他留意到书商的办公室上有一张五六岁小女孩的照片，因而说："李老板，您看，您的女儿和照片上的这个孩子差不多大。您的女儿这么清秀、白净的笑脸，让人忍不住想要亲她一口。您再看看照片上的这个女孩，她和您的女儿年纪相仿，然而，她失去了母亲，她的母亲因为缺水死了。如今，这个小女孩也面临同样的命运。打一口水窖只需要一千多元，也许只是您一顿饭的钱。您少去一次饭店，就能挽救这个小女孩的命。您一定不会袖手旁观的。"

看着陈培展示的照片，照片上小女孩的脸色那么幽暗，就像是从生下来从未洗过脸一样。最严重的是，她现在面临的不是能否洗脸的问题，而是没有水喝就会渴死。书商脸上的表情变得柔和起来，他说："好吧，你的口才太厉害了。如果我不捐款，似乎就对不起我的女儿。"就这样，书商捐款修筑了两口水窖。

面对一个和自己心爱的女儿年纪相仿的女孩，书商无疑动了恻隐之心。他知道，如果不捐款修筑水窖，在看到女儿的时候自己都会觉得羞愧。既然花不了多少钱，为什么不积德行善呢？哪怕只求心安也好啊。

人人都有恻隐之心，有孩子的人最怕的就是看到孩子受罪，不管这个孩子是不是自己的。也有些人热爱小动物，宁愿自己省吃俭用，也要挤出钱来救助那些流浪猫狗。如果我们能够敏感地捕捉到他人的恻隐之心，说服他人无疑就更增加了把握。

以退为进，让对方接受你的价码

在职场上，很多谈判到了紧急关头，会因为突发状况发生改变，甚至前功尽弃。这样的结局，显然是为此付出努力的人们不想看到的。那么，究竟怎样才能更好地取得谈判的胜利呢？有些人在谈判过程中一味地抱着己方的观点和价码，不管对方作何反应，都拒绝作出任何改变。这种"一言堂"的心态，是很容易让谈判对手厌恶的。想要能够做到谈判桌上心平气和地就合作问题展开交流，首先应该有真诚的态度。谈判的双方应该是平等的，相互尊重的，没有谁必须听从谁的说法存在。尤其是当对方作出让步时，我方也应该相应缓和，这样谈判才能继续下去。相反，假如对方始终不让步，那么我们应该怎么做呢?

我们当然不能拿刀架在他人的脖子上，逼迫他人一切事情都听从我们的安排。不过，我们可以用一种兵不血刃的方法，在无形中逼迫对方作出让步：主动让步，以退为进。这个方法从表面来看，是我方作出了让步。其实，我们的让步只是一种诱饵，目的是摆出高姿态，逼迫对方让步。这样一来，我们既没有用武力征服对方，维持了表面的一团和气，又达成了自己的目的，何乐而不为呢?即使最坏的情况发生，对方在我方让步的情况下没有让步，主动权也依然在我方手里，因为我方是先让步的，占据谈判的主导地位。当然，需要注意的，这里所谓的让步必须是在我方能够承受的范围内，否则一旦对方接受条件，我方在谈判桌上当然不能出尔反尔。由此可见，这是一招两手准备的棋路。

最近，小朱在买一套二手房，已经给房主张先生交了2万元的定金。然而，房价涨势汹汹，在申请贷款的这一个月里，张先生发现他的房子已经涨了20万元。对于普通工薪阶层的张先生而言，他卖房之后也还要买房，因此不由得怦然心动。要是多卖20万元，那么买房的压力就减轻了很多。为此，他决定和买房的小朱沟通一下，提高房价。

在谈判桌上，张先生和小朱都很紧张。张先生说："小朱，你也知道，最近房价涨得厉害。你只给了我2万元定金，我根本没法去买其他房子。现在我要买的房子涨了几十万元，所以我想你也给我再加20万元。"小朱哭丧着脸说："张大哥，不是我不想给你加，是我实在没有钱往上加啦。你也知道，我不是北京人，买房子是家里东拼西凑借的钱。"张先生无奈地说："假如你实在买不了了，那我就按照合同约定退你2万元再赔你2万元吧。你再去看看其他房子，我呢，也重新找个买家。”小朱想了想，说：“张大哥，你这么做不对啊，咱们合同上都写得好好的。我现在去买别的房子，不是也要多花钱么，难道我给你的定金就没有任何作用，咱们的合同也是一纸空文吗？实在不行，我只能打官司。”张先生笑了，他说：“小朱，打官司是很简单的事情吗？等到官司打完了，房子估计都得涨100万元了，你岂不是损失更多？而且，我这是唯一住房，法官也不会那么容易判给你的。这样吧，我让一步，你再给我加15万元，不管涨多少钱，我都卖给你，配合你走贷款手续，不然我就单方面毁约。”听到张先生的狠话，小朱紧皱眉头。他心知肚明：现在如果拿着2万元违约金去买别的房子，估计多花20万元都不止，而且会耽误闺女上学落户的时间。想到这里，他一咬牙，说：“好吧，希望您这次遵守诺言。”

在这个事例中，张先生之所以能够涨价成功，就是因为抓住了买房人的心理，以退为进，逼迫小朱不得不同意他的要求。这样的退，其实是进攻，是掠夺。然而，在如今卖方市场下，买方显然处于弱势，小朱也只得答应了张先生的请求。

朋友们，你们是否也曾遭遇谈判的僵局呢？与其劳民伤财地与对方死磕，不如以退为进，抓住对方的心理弱点，逼迫对方同意你的筹码。这样才能速战速决，马到成功。

第 09 章

为自己造势：占据主动，让他人心服口服

时代发展到今天，人才辈出，各行各业都涌现出很多人才。要想在诸多人才中脱颖而出，不但要有真本事，还要有毛遂自荐的能力，这样才能有机会战胜自己，找到属于自己的舞台。尤其是在说服他人的过程中，为了达到预期的效果，我们还可以适当造势，以期事半功倍。

以静制动，永远是妙招

何谓以静制动？这原本是古代的一种战术。在瞬息万变的战场上，敌我双方相互对峙，当敌方动的时候，如果我方能够保持安静，以不变应万变，就能把握全局，找到敌人的破绽，给自己争取更多的机会。随着时代的发展，战争已经远离我们的生活。然而，在和平年代，还有其他的对峙，需要我们运用智谋，以静制动，更好地观察“敌情”。

其实，所谓的静，并非完全地静止不动，只是和动相对而言。举例来说，在双方的对峙中，如果你的敌人一直在采取行动，你也一直在动，那么你的胜算就会很少。相比较而言，假如你动得少一些，在对方动的时候，观察态势，你就会更多地了解敌人，从而能够做到制动，即把你的劣势转化为优势，从而更快速地一举消灭敌人。否则，敌人也会采取以静制动的策略，最终反过来消灭你。当然，和平年代充满硝烟的战争越来越少发生。我们需要的是在生活和工作中，当有机会和其他力量对峙的时候，采取以静制动的妙招。

姜明是个谈判老手，也是公司的首席谈判代表。每次公司有重要的谈判，姜明都是作为主力出现在谈判桌上。让很多人都想不通的是，即使再困难的谈判，只要姜明一出现，就会马上扭转局面，而且会反败为胜。

这次，姜明代表公司与一家合作的工厂谈判。姜明的公司主营电子元器件，很多订单都要找工厂加工。通常，他们有固定的合作单位，然而这次因为订单急速增加，原来固定的工厂生产力已经不足，所以需要寻找更多的合作伙伴。这个工厂，领导已经考察过了，相对比较满意。如今，姜明的主要任务是和对方确定合作的条件，以合同的形式约定利润分成。毫无疑问，公司这边自然想在保证质量的前提下，争取最大的利润，因此，姜明就要想尽办法压低对方的价格。

正如民间俗语所说，姜还是老的辣。坐在谈判桌上，姜明简直气势逼人，使得对方年轻的厂长都不敢直视他。在一番开场白之后，厂长报出了价格，并且阐述了这个报价的详细资料。这时，他原本以为姜明会马上就压价，不想，姜明却不动声色地说："这个报价单中，有几项的成本还可以控制。"说完，姜明就静静看着对方，不再说话。对方厂长心里当然有数，他们当初做这个报价单，也是考虑到利润，所以有些成本控制比较松一些。没想到，对方一眼就看出来了，厂长心里有些发虚。他作出解释，并且承诺作出调整。姜明冷漠地说："调整很简单，就在现场完成吧，我只想知道最低报价。"半个小时之后，厂长又给出一个报价，姜明这次一句话都没说，只是摇了摇头。厂长一咬牙，说："这样吧，在现在报价的基础上再降低五个百分点，这真的没有任何空间了。"这时，姜明露出满意的微笑，说："签约吧！"

在正常谈判中，姜明显然使用了以静制动的战术。在他的惜字如金之下，对方厂长心里一点底气都没有，因为他根本无从看出姜明在想什么，也不知道姜明会怎么做。这就是以静制动的神奇所在。很多时候，人们在局势不明朗的情况下喜欢打草惊蛇，目的就是让对方动起来，这样才能看出他们的趋势。一旦对方保持静止不动，显然就无法了解更多的信息了。

在谈判过程中，或者是在说服他人的过程中，当我们对于局势还不够清楚的时候，与其乱打乱撞，不如以静制动。先细致观察，了解和把握更多信息，然后再采取积极的举措，争取一招制敌。

说服的冲锋时刻，你有致命武器吗

很多人在说服他人时，不但做了大量的准备工作，而且说服过程也不遗余力，恨不得一举夺胜。然而，做事情讲究有头有尾。即使前面的工作做得再好，如果后面收尾不给力，也很难取得圆满的结局。正是因为这个原因，很多说服案例都虎头蛇尾，以失败告终。其实，不管做什么事情，发力都要稳准狠，还要持续下去，最终来个漂亮的收尾，才能保证事情成功。在说服他人的过程中，当我们前面都做得一帆风顺时，千万不要放松警惕。因为所谓的成功，即使只差一步，也会前功尽弃。

小敏的爸爸是个不折不扣的酒鬼，这么多年来，总是每隔十天半个月的，就会接连醉酒几天，把家里搅和得鸡犬不宁。在小敏大学毕业留在上海工作后，决定把爸爸妈妈也接来上海。小敏的想法很简单，她觉得爸爸也许换个环境，面对陌生人，就不会天天喝醉了。来到上海后，小敏给爸爸找了个工作，在建筑工地当医生。一段时间之后，爸爸和老板关系熟悉了，就自己在工地旁租了间房子开诊所。这样一来，收入有了很大提高，也更加有成就感。刚开始的一年多，爸爸能在上海开诊所还是很开心的，状态很好，醉酒的间隔时间大大延长。不想，一年多之后，因为建筑工地搬迁，爸爸的生意越来越冷清，又开始喝起酒来，甚至因为喝酒磕碰了脑袋。

小敏恰巧买了房子，就想说服爸爸关掉诊所，和妈妈一起去给她带孩子。毕竟，带孩子天天只能在小区公园里转悠。然而，爸爸死活不同意。

眼看着爸爸的命都要因为醉酒丢掉了，小敏做了大量的说服工作，爸爸都不想放弃。最终，小敏给爸爸下了最后通牒："既然你不帮我们带孩子，那我们只好把房子卖掉回河北婆婆家了。我准备让你女婿把工作也辞掉。"听说小敏要卖房子，爸爸赶紧乖乖地关掉诊所，跟着妈妈一起给小敏带孩子。

其实，小敏并非真的要卖掉房子回河北婆婆家，只是不想看到爸爸因为酗酒丢掉性命。不过，她显然知道爸爸的软肋，爸爸心底里还是很疼爱女儿的，也不想离开上海。因此，爸爸才会在小敏使出"撒手锏"时，马上顺服。这就是小敏的致命武器。

最近，李娜买了新房，正在筹划装修的事情。妈妈一直跟着李娜生活，因此装修也要听听妈妈的意见。当听说李娜要装一个男士的小便器时，妈妈当即表示反对："一个小便器好几百元钱呢，有这钱干什么不好。再说了，还占地！"李娜耐心地劝说妈妈："安装男士小便器是对男性的尊重，这样也比较干净卫生。"无论李娜怎么说，妈妈都噘着嘴，表现出很不高兴的样子。这可怎么办呢？李娜灵机一动，对妈妈说："最主要的是，安装男士小便器可以节约很多用水啊。你看看，咱们家水费每个月都一百多呢，男士小便器每次冲水的量只有马桶的三分之一，你想想，长年累月要节省多少水啊！"听到这个理由，妈妈毫不犹豫地说："装！"

在第二个事例中，节水就是李娜的致命武器。在无论怎样劝说妈妈都无果的情况下，她灵机一动想到了节水的理由，如此一来，妈妈怎能不怦然心动呢！李娜之所以能成功说服妈妈，就是因为了解妈妈的心理，知道人老了都非常节约。如果不是想到这个理由，也许说服妈妈装男士小便器还需要花一番功夫呢！朋友们，你们在生活中是不是也时常需要说服他人？要想获得成功，一定要留一个重磅的理由等到最后抛出来啊！这样一来，在对方心思已经有所松动的情况下，这个致命武器一定会帮助你一举夺胜的！

语言的魅力，就是兵不血刃

如果生活中的很多事情都用武力解决问题，那么世界和平时至今日也无法到来，人们依然会被战争的水深火热折磨，痛苦地生存。幸好，除了依靠武力，更多的聪明人选择用智慧解决问题。除了手，我们还有能言善辩的口。为此，各种各样的谈判频繁举行。在世界范围内，峰会的召开也给各个国家的首领建立了新的沟通渠道，使得一切局势在恶化之前就得到有效控制。因此，作为地球上的居民，我们才能尽情享受和平年代的幸福安乐。

语言的魅力在于哪里呢？有人说是犀利，有人说是尖锐，有人觉得刻薄最好，有人认为通情达理的话别人更愿意听……对于语言，每个人都有自己的理解，也有独特的表达方式。我们想说，语言的魅力就在于兵不血刃。即使是很白热化的问题，如果恰到好处地运用语言的魔力，也能兵不血刃地解决问题。尤其是当难题随着语言的交流迎刃而解时，那种畅快欣慰的感觉，不是每个人都能享受到的。

东晋时期，屯骑校尉郭默骁勇善战，让很多人听到他的名字就闻风丧胆。然而，他因为在战场上屡屡立下功劳，居功自傲，从来不把他人看在眼里，简直就是天不怕地不怕。有一次，平南将军因事得罪了他，他居然为了报自己的私仇，杀死了平南将军。事情发生后，为了掩人耳目，他伪造诏书，诬陷平南将军谋反，被他处死。如此一来，他滥杀无辜的行为反而变成了为国立功。虽然宰相王导最终知道了事情的真相，但是因为担心他实力太强，朝廷也拿他没有办法，所以不但没有治他的罪，还提拔他当了更大的官。知道此事的人无不愤愤不平，感慨唏嘘。

当时在朝中为官的陶侃得知此时后，马上上书给朝廷，请求皇上派兵讨伐郭默。此外，陶侃还写了一封信给宰相王导，要求他不要犹豫迟疑，立即制裁郭默。在信中，陶侃愤而写下这样的语句："郭默为了一己私恨，杀死州官，你就任命他当州官。如果有一天他胆大包天杀死宰相，难道就让他当宰相吗？"这样的两句话，铿锵有力，让王导无从辩驳，内心深受震撼。接到信后，他当即委派陶侃率军，讨伐郭默。郭默自知自己不是陶侃的对手，因此急得如同热锅上的蚂蚁，团团乱转。为了避开陶侃，他准备率领军队南下。出乎他意料的是，陶侃出兵神速，他还没动身呢，就已经被陶侃率领的军队阻断了去路。郭默无计可施，慌乱之中被叛变的属下抓住，送给陶侃。

在这个事例中，原本宰相王导已经容忍郭默的作为，然而，陶侃的一封信，让王导不得不坚定原则，派兵讨伐郭默。这就是语言的魅力，陶侃的两句犀利的语言，就改变了整件事情的局势，也为枉死的大臣讨回了公道。反之，如果陶侃擅自发兵讨伐郭默，那么也许会被冠以叛乱的罪名。正是他的信，帮他得到了出兵的特赦令。这样，他就可以光明正大地讨伐郭默了。

每次出门前，林莉都会在衣柜里挑选衣服。当然，等到林莉好不容易赶在预定时间找到合适的衣服，穿着出门时，根本没有时间整理乱糟糟的衣柜。当林莉回来的时候，会发现婆婆已经主动帮她把衣服收拾好了，还帮林莉把衣服都放进柜子里。但是，林莉不喜欢婆婆帮她收拾房间，更不喜欢婆婆帮她收拾衣柜。因为经她收拾的衣柜，不是衣服搭配不对，就是衣服放错了地方。林莉又不好意思直接说婆婆，怎么办呢？有一天，在婆婆再次帮林莉整理好衣柜后，林莉当着婆婆的面故意感慨道："妈妈呀，每次你帮我把衣柜整理好，我就特别想再买衣服，因为看起来实在太整洁了。"从此之后，婆婆再也不帮林莉整理衣柜了，她可不想让她儿子辛苦挣来的钱都被林莉败光啊！

作为儿媳妇，林莉面对婆婆好心帮忙整理衣柜，即使心里不喜欢，也不能明确拒绝，否则就是狗咬吕洞宾——不识好人心了。为此，聪明的儿媳妇想出了一个好办法，夸奖婆婆把衣柜整理得太整洁干净，说自己看着整理好的衣柜特别想买衣服。这样一来，勤俭节约外加心疼儿子辛苦挣钱的婆婆，自然不敢再帮媳妇整理衣柜了！媳妇呢，不但没有得罪婆婆，还夸奖了婆婆，岂不是一举两得吗？

朋友们，当你们遇到为难的事情不好意思直接说的时候，是否也会向这个儿媳妇学习，换一种方式委婉地表达自己的意思呢？这样一来，不但大家和和气气，而且使事情有了更好的结果，简直就是皆大欢喜啊！

第三者的话，更具说服力

我们更愿意相信谁的话？我们更愿意相信自己，相信亲人，相信爱人，相信朋友……我们愿意相信的人很多，大多数情况下，我们不愿意相信“外人”。所谓的“外人”，就是不在我们各种关系之内的人。他们与我们的关系特别疏离，彼此之间没有过多的交集，也没有利益的往来。因为没有共同的利益，我们不愿意相信他们。然而，有的时候，我们愿意相信的恰恰是没有关系的“外人”。很多事情中，当事的双方谁也说服不了谁，每个人都想按照自己的想法去作出选择。这种情况下，双方的观点都有很大的主观性，只有与事情无关的第三方，才能更好地作出客观公正的评价。因此，我们宁愿相信第三方，也不愿意相信与我们休戚相关的另一方。

既然了解了人的这种心理，当我们无论如何努力都无法说服他人时，不妨借用第三方的口，帮助我们说句公道话。也许，恰恰就是这句公道话，帮助我们成功地说服他人。那么，如何让第三方帮我们说话呢？当然，最好是在第三方不知情的情况下，这样他说出的话更可信，也更真实自然。但是，假如不得不与第三方沟通好，再行说服，那么一定要叮嘱第三方不要让说服对象发现破绽，否则就会前功尽弃，甚至会事与愿违。这样的做法，在第二种情况下并不提倡，是不得已而为之。当然，第一种情况则是多多益善，毕竟我们说服对方时又有了一个好帮手啊！

玛丽家过几天想举办一个聚会，主要宴请亲戚朋友和要好的同事们。这么多人，需要大量的食物，玛丽想来想去，觉得邻居露西是个很好的帮手。露西家就住在玛丽家隔壁，而且她的孩子们都已经读大学了，家里只有她和丈夫，很清闲。最重要的是，露西的厨艺特别好，她不但擅长做沙拉、火鸡、汤羹，还尤其擅长烘焙面包、蔓越莓饼干、曲奇饼干等。玛丽觉得，如果自己能请来露西帮忙，那简直是太完美了，来访的客人们也会对露西的厨艺赞不绝口的。然而，当玛丽和丈夫乔治说起自己的想法时，乔治当时就表示反对。乔治说："这是一个二三十人的集会，怎么可能找邻居当厨子呢？如果我们的食物不够精美，而且分量不足，朋友们一定会笑话我们的！"尽管玛丽再三保证，露西的厨艺一定会让大家耳目一新，赞不绝口，丝毫不逊色于专业厨师，乔治还是坚持说："还是去聘请一个厨师来吧，这样菜式会更多，口味也会更好。"玛丽很无奈。

一个周末，乔治在花园里打理草坪，邻居保罗走过来和他打招呼。

"嗨，乔治，难得看到你这么清闲啊！"

"是啊，趁着今天阳光好，整理整理草坪。你这是要去哪儿呢？"

保罗用手指了指露西家，说："我准备带着我妻子做的榛子酱，去感谢露西。我家上个月举行了一次家宴，包括我90多岁的爷爷在内，都说露西的厨艺非常棒啊，比他们在五星级饭店吃到的食物更美味。"

听了保罗的话，乔治犹豫着问："食物的种类多吗？分量够吗？"

"当然！"保罗毫不迟疑地说，"有各式冷盘、热菜和汤羹，给我赚足了面子。我都不知道应该怎么感谢露西呢，听说她喜欢吃榛子酱，我妻子专门做了一大罐。她那么热情，那么友好，食物也那么精致美味，让每一位来访的客人都很喜欢她！这都要感谢我的妻子，她和露西那么亲密无间，当然，还有玛丽。听说，你们也要请露西帮忙准备聚会的食物，是吗？你简直太幸运了，和我一样幸运。你会发现，一个星期之后，你的同事还对露西的烤鸡念念不忘，哈哈！”说着，保罗继续朝露西家走去，乔治陷入了沉思。

晚餐时，乔治对玛丽说：“亲爱的，要不咱们就请露西帮忙和你一起准备聚会的食物吧，据说她的厨艺非常好！”玛丽愉快地同意了。

如果不是保罗对乔治说露西的厨艺的确很好，乔治也许会坚持自己的想法，去聘请专业的厨师来准备聚会的食物。因为，他觉得玛丽的说法带着主观的情绪，她一定是想让露西来准备食物，所以不由得会说对露西有利的话。然而保罗则没有必要游说乔治，毕竟他和这件事情毫无关系。第三方的话就是这么神奇，能够让当事人即便不听对方的话，也要信任第三方。

当你们试图说服他人时，当他人不能确定是否相信你们的话时，如果能够找到公正的第三方说些中肯的话，那么你们的说服工作就离成功更近了一大步。怎么样，马上就试试这个办法吧！结果一定会让你喜出望外的。

说服，是心服口服

说服他人，不但是一场语言的博弈，也是一场心理的博弈。仅仅从语言上压倒他人，让他们必须听你的，显然这不是真正的说服。因为也许你年纪比他大，职位比他高，是他的父母或者其他权威人士，那么他是为了给你留面子，才不得不听从你的话。实际上，他的心里还保留着自己的想法。那么，真正的说服是怎样的呢？你不但从语言上说服了对方，让他表示出和你相同的观点，你也在心理上征服了对方，让对方对你的看法和意见心服口服。这才是真正的说服。

常言道，强扭的瓜不甜。很多时候，我们做事情的时候喜欢强迫他人，把自己自认为正确的观点强行灌输给他人，根本不在乎他人真实的感受和想法。这样的做法，显然是招人讨厌的。如果一个人在和他人相处的过程中总是这么做，很快就会人缘尽失，也会被朋友抛弃。真正明智的做法，是先了解他人的想法，然后根据他人的心理状态，再结合自己的想法，做出最合理的说服工作，让他人心服口服。我们必须记住的是，任何说服工作都要建立在尊重对方的基础上，以真诚为原则。

周日，姐姐和妹妹相约去商场买换季的衣服。显而易见，姐姐和妹妹喜欢的风格是完全不同的，姐姐喜欢比较大方的款式，妹妹则喜欢小清新风格。很快，妹妹就挑选了一套田园风的碎花裙，拿着去试衣间试穿。妹妹穿上碎花裙子，就像是森林里的小仙女，身上似乎荡漾出青草的清新和野花的清香。妹妹在穿衣镜前转来转去，欣赏自己曼妙的身姿。这时，在一旁看其他衣服的姐姐走过来，说："你都大学毕业了，怎么还喜欢穿这种幼稚的衣服啊。赶紧脱了吧，我觉得不适合上班穿。"妹妹噘着小嘴，说："我喜欢这种款式和风格啊，这小碎花多好看。我们上班是随便穿衣服的，不像你，在银行里工作必须穿制服。"姐姐皱着眉头看着妹妹身上的衣服，说："这个领子不好，太大了。如果你一弯腰，肯定会走光。而且这个衣服的面料也不好，雪纺的，哪里有纯棉的穿着舒服啊，或者真丝的也行啊！"妹妹不满地说："姐，现在就流行雪纺啊，多么飘逸。"

姐姐还是不喜欢这件衣服，又重新挑选了一件真丝的连衣裙给妹妹试穿。妹妹说："这个衣服太老气了吧，我觉得只有中年人才穿真丝。”然而，姐姐坚持让妹妹试穿，还说：“就这件吧，必须穿啊！这件我付钱，要是想买那件，你就自己付钱。”无奈，妹妹只好试穿了真丝的这件衣服。虽然这件衣服比那件雪纺的贵很多，但是她一点儿也不喜欢。看得出来，妹妹买了新衣服，一点儿都不高兴。

这个事例中，姐姐明明是为刚刚大学毕业的妹妹买衣服，却没有尊重妹妹的意见，而是根据自己的眼光为妹妹挑选了一件真丝连衣裙。实际上，衣服并不在于贵贱，面料甚至也不占最主要的地位。挑选衣服，首先是自己要喜欢，其次是考虑到别人看着是否舒服。姐姐显然本末倒置了，她以自己出钱给妹妹买衣服为由，强迫妹妹接受了她的选择。这样一来，妹妹穿新衣服的喜悦就没有了，也许只会觉得那件衣服形同鸡肋，弃之可惜，食之无味。

原本一件好事，因为姐姐把自己的眼光和选择强加于妹妹，导致妹妹并不开心。朋友们，在说服他人的过程中，尤其是当我们觉得自己完全正确的时候，我们是否也曾犯过与此类似的错误呢？从现在开始，我们应该积极反思，争取给他人带来真正的快乐。

巧用心理定式，让对方连连点头

6岁的哥哥在和2岁的妹妹做一个好玩的游戏，哥哥不停地提问题，妹妹不停地点头。“恬恬，你棒不棒？”“棒！”“恬恬，你美不美？”“美！”“恬恬，你好不好？”“好！”“恬恬，你坏不坏？”“坏！”哥哥捧腹大笑，恬恬不好意思的挠挠脑袋：我到底哪里错了呢？显而易见，恬恬被心理定式捉弄了。她一直以肯定的口吻回答哥哥对她的提问，却没有注意到“棒”“美”“好”等词语，已经被哥哥偷偷地换成了“坏”。由此一来，恬恬顺嘴就承认了自己是个小坏蛋。这样的谈话模式也时常出现在相声演员的表演中，一个人问另一个人很多问题，另一个人都连连点头称是，结果对方突然调转话头，他依然点头称是，观众们不由得捧腹大笑。这也是心理定式。

何为心理定式呢？顾名思义，心理定式就是心理上的“定向趋势”。在进行保持特定趋势的心理活动之后，人们的心理就会自发地形成准备状态，对即将面对的情况起到固定方向的作用。这样的心理状态常常会导致人们不假思索的对眼前发生的相似状态作出反应，如果被对方偷换概念，就会造成完全相反的结果。假如在一诺千金的谈判桌上巧妙利用心理定式，让对方不知不觉中答应我们的要求，那么谈判就会顺利很多。毕竟，谈判桌上很多人说话都是谨慎三思，因此即使不小心说出让之后悔的话，只要不会导致严重后果，人们通常也不会反悔。这样一来，谈判结果自然会更加倾向于让我们满意啦。

皮特想买一辆车，因此趁着假期去4S店看了看。销售人员看到皮特在其中一款车前看来看去，因此走上前去，说：“先生，这是最新款，性能非常好。”皮特遗憾地说：“是啊，的确很好，但是太贵了。我的预算是10万美元，这款车却需要15万美元。”销售员说：“先生，没关系，这款车现在正在促销期，如果您喜欢，我可以去找经理给您申请优惠，您觉得怎么样？”皮特的眼睛亮了一下，问：“能优惠多少呢？”“不管能优惠多少，只要有优惠就是好的，对不对？省钱才是王道。”说完，销售员去找经理了。

不一会儿，他兴高采烈地回来了，对皮特说：“先生，我真是要恭喜你中大奖了。今天是月末最后一天，经理正在冲销量。他说了，如果你今天能定下来，给您申请1万美元的优惠。1万美元啊，赶得上好几个月的薪水了呢！”“其他车有优惠吗？”“没有，只有这款车。买到，就是赚了。”销售员极力鼓动皮特，皮特真的觉得自己如果买这辆车就是赚钱了。

后来，销售员又以同样的方法，向皮特推销了各种内饰，皮特都觉得自己买了个便宜。最后，皮特刷卡付出了17万多美元，才意识到自己中了销售的圈套。这几乎比他的预算高出了一倍，接下来他必须节衣缩食了。

精明的销售员，正是运用心理定式的方法，让皮特觉得自己买车是赚了莫大的便宜。接下来，他又趁热打铁，用同样的方法劝说皮特买下了很多内饰，最终皮特付出了17万多美元，才能结束整个购车的消费。其实，很多销售员都会用这种策略引导客户消费，先给客户小小的甜头，让客户在赚了便宜的暗自窃喜中，在心理定式的作用下，不停地掏腰包埋单。

朋友们，你们是否觉得心理定式很神奇呢？如果你们也能恰到好处地运用心理定式，说服他人，那么你们的说服工作一定是事半功倍。

第10章

先下口为强：不给对方说“不”的时间

不管做什么事情，都讲究时期，说服同样如此。如果我们被动地等着他人先开口，那么我们就会失去先机。聪明的人，在说服他人时，一定会抢先开口，谋篇布局，这样才能为后面的说服工作进行铺垫，使说服工作的进展更加顺利。

磨刀不误砍柴工，找到“软肋”一击即中

经验丰富的砍柴人，即使耽误一个小时，也会耐心地把斧头磨得锋利。因为只有这样，上山砍柴的时候才能节省时间。相反，有些砍柴的人拿着一把锈迹斑斑的斧头，即使清早起床就进山了，到傍晚日落西山，也没有砍下多少柴火。究其原因，砍柴人用锋利的斧头，一个小时可以砍下几十根木柴。如果拿着锈了的斧头呢，也许一个小时只能砍一根木柴。这样来计算，就很清楚明了。别说花费一个小时的时间磨斧头了，就算花两个小时磨斧头，锋利的斧头在一天的时间内，也会比锈了的斧头效率更高。如此想来，我们不管做什么事情，都应该提高效率，而不是白白地浪费时间。就像说服工作，如果你想说服一个人，就整日缠着他，不停地在他耳边聒噪，那么他一定会把你当空气，甚至对你心生厌恶。相反，如果你虽然说话不多，而且给了他很多时间思考，但是你所说的每句话都是经过深思熟虑的，都有一针见血的效果，那么他也许会主动听从你的劝说，改变想法。

毫无疑问，说服别人花了几天时间且依然不见成效的人，一定说的都是废话。为什么会说废话呢？当然是因为没有找到说服对象的软肋。前文说过，只有找准说服对象的软肋，说服工作才能以一句抵十句，甚至抵百句。

老张包养了一片山，进行生态养殖。他的山里不但有成群的鸡鸭鹅，还有很多牛羊猪等。当然，也有一些果树。老张脑子很活泛，除了开农家乐，还卖鸡蛋。要知道，漫山遍野的野菜和小虫

子，这些鸡都是真正的笨鸡，生的蛋也都是真正的笨鸡蛋。最早的时候，老张把鸡蛋都卖给邻居们了。然而，后来随着养殖规模的扩大，鸡蛋越来越多，老张想走高端路线。

同样的鸡蛋，零散着卖给邻居，只能卖十几块钱一斤。一旦进了超市，包装精美的盒子，马上摇身一变，成为一斤二三十块钱的绿色有机产品。然而，老张去了几次超市，负责洽谈相关事宜的主管都对他避而不见。毕竟，鸡蛋是易碎品，也不好运输。无奈之下，老张只好采取不请自来的方式，准备把主管逮住见面。果然，老张在接连跑了三四趟之后，终于见到了主管。这次，他在主管送客之前，迫不及待地说：“孙主管，我想你应该希望把好的产品带给顾客。这是我准备的煮鸡蛋和炒鸡蛋，您尝尝，好吃再说。”看到老张如此真诚，主管只好吃了一个煮鸡蛋，还尝了一口炒鸡蛋，不由得啧啧赞叹。老张自豪地说：“鸡都是吃土里刨的虫子长大的，想不香也难啊！我的鸡蛋，吃过的人绝对还想再吃。”

就这样，老张在超市里有了一个非常显眼的展位，他现在要做的就是继续扩大养殖，大量供应超市。不然，总是出现断货的情况怎么行呢！

中小品牌商品要想进入大的超市，无疑都是一厢情愿。然而，超市的最终目的就是盈利。就像老张这样，在认可他的鸡蛋后，主管几乎每隔几天都会提醒他保证供应，不要断货。这就是超市的软肋。好的商品，是超市大力欢迎的。老张正是抓住主管的这个心理，才成功说服主管，接受他的鸡蛋，并且给他留出了一个非常好的位置。

与其盲目地说服他人，说一大堆废话却毫无用处，不如先了解对方的软肋，然后有的放矢，击中对方的软肋，一举夺胜。这就是说服的经验之谈。

交谈中要抢占先机，才能步步为营

早在古代，前辈们就提出了天时地利人和的概念。其中所谓的天时，就是做事情的时机。在说服他人的过程中，有些人喜欢以静制动，以不变应万变。因此他们很少主动开口说话，以便在对方说话的过程中认真细致地观察对方，找出其破绽。有些人呢，也许是因为性格比较主动吧，与以静制动的人恰恰相反，他们喜欢主动开口，这样才能谋篇布局，为接下来的说服工作进行铺垫。当然，这两种方式各有各的好处。作为说服者，我们应该从自身的性格特点出发，选择最适合自己的方式。只要运用得当，抢占先机，就能步步为营，不给他人攻破的机会。

老李谈判，一向喜欢泰山压顶，先从气势上压倒对方，再步步为营。这次，他代表公司与经销商谈判，也许是仗着品牌实力雄厚吧，还不等对方坐稳，他就先发制人："您好，咱们速战速决吧。我接下来还有两场谈判，都是和你们差不多的经销商。"这样一句话，瞬间让对方觉得自己弱爆了，他们忐忑地想：啊，还有两场谈判，都是和我们的竞争对手！如此一来，经销商还敢和老李压价格吗？只怕他们生怕给的价格太低，谈不下来代理呢！

果然，经销商胆怯地说："您还要谈两场啊！我觉得没必要了吧，您看我们抱着诚意远道而来，就是真诚地想与贵公司合作的。我想，咱们的交谈一定会非常愉快，毕竟我们的愿望都是共同的：多多销售产品，创造利润。所以，咱们肯定会谈拢的。"听到经销商这么说，老李心中暗暗窃喜：“看你们还敢压价！”就这样，在老李提出价格之后，经销商根本不敢表示强烈反对，只是以商量的口吻说：“李主任，您看，我们也是小本生意不容易，再抛去运输等环节成本，利润真的很薄。您能不能把价格稍微降低一点，给我们一点生存的空间。”为了面子，老李作出了小小的让步，经销商再也不敢提出过分的要求，赶紧和老李签订合约。

如果不是老李一上来就说还有两个经销商等着洽谈，参与谈判的这家经销商也许会提出更低的价格。然而，老李先声夺人，在谈判之初就暗示这家经销商：即使谈不拢也没关系，下面还有接盘的呢！老李的策略无疑是明智的，这促使了他们谈判顺利完成，也为公司争取了更多的利润。

很多谈判都是剑拔弩张的，在与对方展开交谈之前，我们应该作好准备，了解对方的心理，从而准确把握先声夺人的时机，抢占先机，步步为营。

想说“不”，你可没机会

心理定式在每个人的身上都有所表现。前文讲了如何引导我们的说服对象，循着思维定式持续表示对我们的认可，接下来，我们应该避免说服对象出现说“不”的心理定式。这样一来，说服对象就不会轻易否定我们的说法，才能更好地也我们进行交流。

曾经有首歌曲唱道：“想说爱你并不是很容易的事……”今天，我们要唱：“想说不也不是件很容易的事……”在和谐愉快的交谈氛围中，如果我们引导说服对象从一开始就说“是”，而从不说“不”，那么即使面对你所说的不那么合他心意的话，他也会表示宽容，而不愿意轻易打破融洽的气氛。

对于谢凯，莉莉并没有太多的好感，当然，也不讨厌。对于谢凯的追求，莉莉甚至觉得有些受用，毕竟哪个女孩不希望自己被人追求呢？因此，在没有更好的追求对象出现之前，莉莉一直和谢凯保持着介于友情和爱情之间的微妙关系。她很犹豫，和谢凯在一起既不甘心，又怕和谢凯分手之后变成了彻底的单身。

在又一年的情人节到来之际，谢凯觉得应该和莉莉确定关系，或者分手成陌路，或者成为真正意义上以结婚为目的的恋人关系。这次谈话，谢凯选择在灯光昏暗的咖啡馆，萨克斯的《回家》，让人听着不由得心驰荡漾，又有些淡淡的忧伤。谢凯问莉莉：“你觉得我好吗？”莉莉毫不迟疑地说：“好啊！”谢凯又问：“那你觉得我是个合格的男朋友吗？”莉莉妩媚地笑着，说：“当然。”谢凯继续问：“我哪里合格呢？”“你每到过节就会送我花，还会在我值夜班的日子接我下班，还记得我的生日是哪一天，给我买我最爱吃的蛋糕……”莉莉一边沉思，一边说。谢凯笑了，说：“你觉得我会成为一个好丈夫吗？”莉莉点点头，说：“是的，你很好。”谢凯趁热打铁，继续问：“那你觉得我会成为你的好丈夫吗？”莉莉略微有些迟疑，想了想自己前面的回答，只好继续说：“应该会吧。”谢凯笑着说：“哈哈，你有些底气不足啊。你要相信我，我会是一个好丈夫，好父亲。”莉莉果断地点点头。

在这次交谈中，谢凯根本没有给莉莉机会说不。他一直都在引导莉莉给出肯定的回答，当莉莉意识到问题所在时，谢凯已经问到了关键问题。显然，莉莉不能突然就推翻自己之前所有肯定的回答，因此她只好说：“应该会吧。”

谢凯非常聪明，他的小小计谋，无形中就把莉莉套牢了。当然，莉莉也应该觉得很幸福，毕竟一个男孩如此用心地对她，是一种幸福。朋友们，你们是否也曾害怕别人说“不”呢？那就占据谈话的主导地位，让他只能频繁点头和称赞你吧！

说服对方，要先下“口”为强

生活中，当遇到为难的事情有求于人的时候，我们总是很忐忑，不知道如何开口。实际上，正是在我们的犹豫不决中，机会悄悄溜走了。也许对方从你纠结的表情中，看出来你有事相求，那么他很可能先找出一个理由，让你更加不好意思开口。也或者，他会为自己找到其他的借口，向你说明自己当下也很困难。总而言之，要想说服对方接受我们的请求，或者是让对方接纳我们的观点，千万不要迟疑，一定要先下“口”为强。这样一来，对方才没有机会拒绝我们，甚至来不及思考。

如果说兵贵神速，那么说服他人也讲求速度。既然不管到什么时候，你都得张开金口，那么何不尽早开口呢？只要先下“口”为强，你就能占据主动。即使请求的时候被拒绝，也胜过从未说出口。现代社会有很多奇迹，我们也要相信奇迹。不努力试一试，怎么知道结果呢？既然如此，动起来吧！

珠珠想参加全国经纪人职业资格考试，这个考试含金量很高，通过率比较低。虽然有培训班帮助辅导，但是珠珠经济紧张，没有花那么多钱去参加。因此，当得知曾经的同事艾雪报名参加了培训班时，珠珠不由得怦然心动：“要是能找艾雪把培训的大纲要过来，再做一做培训的习题，那可就太好了，考试通过的可能性至少成倍增长。”想到这里，她又很犹豫：“如果艾雪拒绝我怎么办呢？毕竟人家花了那么多钱报班，我却一分钱都没花。”思来想去，珠珠决定死马当作活马医，说出来碰碰运气吧。

一个周末，珠珠拎着水果来到艾雪的家。看到久未见面的珠珠就站在眼前，艾雪吃了一惊，不过也很高兴。落座没多久，艾雪正准备问问珠珠最近忙什么，珠珠就抢在艾雪前面说：“艾雪，我想请你帮个忙。你能把全国经纪人资格考试的复习大纲给我一份吗？我来复印就好。”珠珠的话显然使艾雪出乎意料，她突然愣住了，说：“啊，你说考试大纲啊，你也参加考试了吗？……应该没问题的，我可以给你，你也可以复印。不过，我们有个邮箱，你直接去邮箱看也行。”看得出来，艾雪在那一瞬间也想到了自己昂贵的学费，不过她显然一时之间想不出用什么借口拒绝珠珠，毕竟只是一个考试大纲啊！就这样，珠珠如愿以偿了。

珠珠的话，对于艾雪而言，完全是出乎意料，让她一时之间根本想不到拒绝的理由。即使艾雪事后有些懊恼，但是珠珠在通过考试之后多请她吃几顿饭就好了，说不定她们还会因此成为好朋友呢！珠珠很聪明，她真正做到了先下“口”为强。

读者朋友们，你们是否也经常碍于面子，不好意思开门见山呢？其实，坦诚地与对方交流，根本没有必要遮遮掩掩的。归根结底，事情必须说出来，才能知道结果，也必须接受结果。既然如此，就大胆地说出来吧，开门见山比犹豫不决更显胆量！

强攻堡垒，不如迂回曲折

很多时候，我们绞尽脑汁、费尽心思地想要说服一个人，对方却偏偏就不吃你这一套，和你拧着来，这可怎么办呢？威逼利诱自然是行不通的，糖衣炮弹也失去了作用，这种情况下，我们就应该走迂回的道路。

战国时期，魏国派出军队，把赵国的都城邯郸围困起来。无奈之下，赵国只好向齐国求救。齐国派出大将田忌、孙膑率领军队为赵国解围。由于魏国的大部分兵力都在围困赵国，所以田忌、孙膑趁着魏国国内兵力空虚，率领大军直接攻打魏国的都城。眼看都城告急，魏国的军队只好赶紧班师回朝，拯救都城。趁着魏军长途奔波、人困马乏之际，齐军在中途设下埋伏，打败了魏军，解了赵国之围。这就是避重就轻的战术，运用在现实生活中，如此迂回曲折的做法，能够避开说服对方最坚固的堡垒，转而寻找其他办法达到目的。

为了追求蕾蕾，薛军几乎用尽了所有的办法。不但如此，他还向哥们儿取经，把他们追女孩的招数也一一用了一遍。然而，蕾蕾是个乖乖女，根本不吃他这一套。看着自己喜欢的蕾蕾近在眼前，却怎么也追不到手，薛军几乎连觉都睡不着了。

有一次，薛军在商场里碰到蕾蕾在陪着妈妈和姐姐逛街，不由得计上心来。一个周末，他买了好几件小男孩喜欢玩的变形金刚，作为礼物专门送给蕾蕾姐姐家的孩子。当打开门看到一个陌生的男孩站在家门口时，姐姐吓了一跳。不过，当薛军说明来意后，姐姐不由得笑了，说：“你这个孩子，为了追蕾蕾也确实是拼了。不过，你眼光真是不错，我们家蕾蕾可是人见人爱呢！”这一天的时间，薛军都在陪蕾蕾的小外甥玩变形金刚，正好蕾蕾的姐夫出差了，她姐姐恨不得有个人帮忙带着孩子玩呢！

后来，在姐姐的引荐下，薛军又带着礼物登门拜访蕾蕾的父母。正好那天蕾蕾不在家，薛军就自作主张，给蕾蕾的父母做了一桌子好吃的饭菜。蕾蕾妈妈不停地夸赞：“难得，难得，现在连小姑娘会做饭的都少了，难为你还做得这么色香味俱全。”薛军高兴地说：“阿姨，您要是喜欢吃，我以后每个周末都过来给您做。”这么会说话的孩子，把蕾蕾妈妈高兴得合不拢嘴。就这样，薛军先是说服了蕾蕾姐姐，又说服了蕾蕾的父母，如今只剩下蕾蕾这个“堡垒”需要攻克了。在姐姐的旁敲侧击下，在父母的不停夸奖声中，蕾蕾终于说：“其实，我也不讨厌他。”就这样，薛军变成了蕾蕾名正言顺的男朋友。

在这个事例中，薛军采取的就是迂回曲折的方法。他追求蕾蕾没有结果，转而开始做她家人的思想工作。先是以变形金刚玩具和蕾蕾的小外甥玩得很开心，得到了蕾蕾姐姐的认可，接着又在蕾蕾姐姐的引荐下去给蕾蕾的父母做饭，以高超的厨艺博得了未来丈母娘的欢心。这一系列的做法，都为他成功追到蕾蕾作好了铺垫，他追蕾蕾也就是水到渠成的事情了。

朋友们，你们在生活或者工作中，是否也曾遇到难啃的硬骨头呢？与其以硬碰硬，导致两败俱伤，不如避重就轻，迂回曲折，最终只要能达到目的就是成功的。

第 11 章

提前做好暖场：不打无准备的说服之仗

虽然说服工作只需要动动嘴皮子就好，但是并没有我们想象得那么简单。说服，不但要事先了解说服对象，把握其心理，也要为说服针对的事情提前做好功课，做到有理有据，才能更好地说服他人。总而言之，千万不要仅仅带着嘴皮子就去说服他人，只有作足准备，才有胜算的把握。

知己知彼，才能一招获胜

《孙子·谋攻篇》中记载："知彼知己，百战不殆；不知彼而知己，一胜一负；不知彼，不知己，每战必殆。"这句话的意思是，只有深入了解己方和敌方的情况，才能把握全局，在战争中取得胜利。当然，现在已经是和平年代，世界都在追求与维护和平，战争已经远离了我们的生活。不过，这句话依然为人悉知，这是因为知己知彼，百战不殆，不仅适用于战争，也与时俱进，适用于现代社会的很多方面。例如，在竞争中，我们只有了解对手，知道对手的优势和劣势，并且客观评价自己，分析自己的优劣势，才能扬长避短，取长补短，让自己脱颖而出。再如，在人际交往中，要想搞好人际关系，我们必须了解自己，也了解别人，这样才能更好地与对方相处，才能博得他人的信任，并且与信任的人搞好团结合作，互帮互助。试想，谁能在这个社会上脱离人群生存呢？每个人都必须置身于人群之中，才能更好地融入人群，成为受欢迎的人。也因此，人们才能得到他人的信任，也信赖他人。在这样的人际关系中，说服变成了水到渠成的事情。

随着二胎政策的放开，越来越多的父母选择再生一个孩子，让两个孩子彼此陪伴。作为独生子女，小娜却坚决不想再生了。她总是说："再生一个？还不得把我累死啊！你们看看，我为了把婷婷养大，就已经花费了无数的心力，整个人都老了一圈了，要是再生一个，我还有没有命了。"小娜的老公孙磊也不赞成再生了，他还吓唬看到别人有小妹妹或者小弟弟就眼馋不已的婷婷："婷婷，你可别要小弟弟小妹妹。你看看，现在咱们家里所有的好吃的都归你，等你长大了，咱家的所有财产也归你。要是有了小弟弟或者小妹妹，那你一切都要和他平分了呢！”在爸爸的灌输下，婷婷非常排斥妈妈生老二。

然而，婷婷和孙磊都是独生子女，他们的父母都非常希望他们再生一个孩子。毕竟，“4+2+1”的家庭结构下，未来孩子会非常累，负担超重。妈妈说了小娜很多次，她都无动于衷。前段时间，小娜八十多岁的奶奶突然生病了，与此同时，小娜妈妈脑溢血引起偏瘫，家庭的重任一下子落到小娜身上。小娜白天要伺候妈妈和奶奶，晚上还要给奶奶陪夜，整个人一个月就瘦了十几斤，显得憔悴无比，白头发也冒出来很多。三个月之后，小娜妈妈才能勉强下地活动，基本实现自理，小娜奶奶也去世了。小娜才得以喘息，有了休息的时间。看着连轴转三个月的女儿，妈妈说：“小娜，有句话我不知道该不该说，但还是想说。你看看，你是独生子女，现在只是我们这头的老人生病，你婆婆还比较健壮，你就累成这样。如果两头老人都有点不舒服，光是跑医院都跑不过来。要是你能再生一个，虽然你现在累点儿，但是孩子以后就轻松些，婷婷就不会像你这样，在老人生病的时候连个换班的就没有。你再考虑考虑吧。”听了妈妈的话，小娜陷入了深思。的确，如果老人再病倒一个，她就完全支撑不住了。思来想去，她觉得妈妈说的很有道理，因此把要老二的事情慎重地和老公进行商谈。最终，他们一致决定再要一个，哪怕再难再累，为了婷婷，也要再给她一个兄弟姐妹。

原本，小娜和老公都觉得只生一个好，他们已经带大婷婷，现在就可以一家三口四处游玩。如果再生一个，无疑要再经历一次带孩子的过程。然而，在小娜经历了独自一人照顾奶奶和妈妈的重任后，心力交瘁，甚至精神上也有崩溃的感觉，这的确是她难以承受的。就这样，小娜突然之间就想明白了，接受了妈妈的建议。

很多事情，在没有经历的时候根本没感觉。只有亲身经历了，才能深切体会到其中的苦楚。妈妈知道小娜前段时间照顾两个老人受累了，也知道小娜的感受，因此才能一招制胜，说服了小娜。朋友们，在说服他人时，我们也应该把握住对方心里最深的感受，这样才能提高说服的效率和成功率。

巧用“敲门砖”，说服不突兀

不管你面对的说服对象是陌生人，还是熟悉的人，你在正式开始切入主题，说服对方之前，肯定应该有个“由头”。所谓由头，就是切入点。毕竟，我们不能一见别人的面就突兀地说“哎，那件事情你不能那么做，而应该……”这样直接切入的方式，不但会让对方丈二和尚摸不着头脑，也会令对方心生不悦。没有任何语言铺垫的交谈，总是不那么令人愉快。如果能够在正式展开说服工作之前，先找一个合适的话题作为敲门砖，等到彼此交谈相对顺畅时，再切入正题，效果显然会好很多。

生活中，有哪些话题可以作为敲门砖呢？不健谈的人，总是找不到话题和他人交流，即使面面相对，也觉得无话可说。健谈的人不管面对的是熟人还是生人，也不管面对的是帅哥还是美女，更不管面对的是老人还是孩子，都总能找出恰到好处的话题，作为交谈的敲门砖。例如，当看到带孩子的妈妈，夸奖孩子可爱无疑是最好的由头；当遇到的是年轻的男性，可以问问时间，或者谈论谈论天气和体育；遇到老人，就说说关于保健和养生的事情吧。这些都是很好的由头。常言道，万事开头难，只要开头有了和谐愉快的交谈，就能始终保持融洽的氛围。接下来的说服工作，自然不会太尴尬，甚至会变得很快乐呢！

大学毕业后，张琦一直没找到合适的工作。他不像很多大学生一样，只想尽快找份工作能自己养活自己，然后再骑驴找马。他有着伟大的志向，他想找到一份能够长久从事的工作，将其作为自己的事业发展。就这样，其他同学都上班半年了，他却依然在寻寻觅觅。

终于，功夫不负有心人，张琦等来了一个机会。他得知一家世界五百强企业正在招聘，马上就开始精心准备面试材料。学习营销的张琦，决定应聘门槛相对比较低的销售职位，他想依靠自己的努力不懈奋斗。即便是门槛相对较低，和其他很多小公司相比，要求也是非常严格的。张琦丝毫不敢懈怠，他有着马到成功的决心。面试那天，果然面试者阵容强大，每个人都西装革履，穿着精神抖擞。看着其中很多和自己一样年轻稚嫩的面孔，张琦感慨颇多。在经历了一轮笔试和一轮面试之后，大部分人都被淘汰了，只有二十个人作为精英参加三试。

张琦排在最后，让他心神不宁的是，进去三试的人只过了五分钟，就出来了，而且出来之后都接连摇头，张琦不知道发生了什么事情。难道试题真的这么难吗？让他们这些过五关斩六将的人，也望而生畏。终于轮到张琦了，张琦整理好着装，走进办公室内。这间办公室布置得非常温馨，挂着素色的窗帘，就像是一个热爱生活的女主人精心布置的家。张琦四下打量着，坐在办公桌前的中年女性领导，一声不吭，就那么看着他。张琦想了想，说：“您好，我是面试的。”领导点点头，张琦坐在她对面的椅子上，等了足足一分钟，领导依然没说话。这时，张琦说：“这个办公室一定是您亲自布置的吧，看起来非常与众不同。”领导显然有了兴趣，问：“哪里与众不同呢？”张琦笑着说：“即使您没坐在这里，我也能推测出来这间办公室的主人是位高雅的有品位的女性。而且，她的职位一定很高，是响当当的决策人物，所以才能自己决定办公室的风格。”领导笑了，说：“你的眼光很犀利。你觉得你喜欢这种风格吗？”张琦笑着说：“当然，我很欣赏。不过，如果我是这间办公室的主人，它一定会完全变个样，因为我是男性视角，您是女性视角。”就这样，张琦就办公室的装修问题，和领导聊得很开心，他们甚至说到了非常细节的问题，诸如窗帘的颜色和质地。没多久，他们又从女性视角谈起，开始讨论公司的商品。不知不觉间，张琦和领导聊了一个多小时，依然意犹未尽。最后，领导笑着站起身，说：“恭喜你，顺利通过三试。明天来报到吧，没聊完的等你上班了，咱们接着聊。”张琦疑惑地说：“面试完了？但是您还没问我任何问题呢！”领导笑着说：“这间办公室独特的布置和沉默的我，就是考题啊！和你聊天很愉快，欢迎你成为公司的一员。”

事后，张琦才知道，那间办公室就是负责面试领导的办公室，在装修之初，就是特意设计成独特的风格，作为销售人员的三试所用。在张琦之前，所有进去的三试人员，不是沉默地等待领导发问，就是干巴巴地和领导聊了几句，就无话可说了。只有张琦，成功地和领导聊了一个多小时，还意犹未尽地想要继续聊下去。而且，他具有敏锐的观察力，也及时捕捉到话题，以独特的装修风格为敲门砖，不但夸赞了领导的欣赏品位，也展示了自己良好的口才和亲和力。

在这个事例中，如果张琦没有发现办公室的独特装修风格，也像其他人一样干等着，那么五分钟一到，领导一定会让他走人。幸好，张琦从来就是自来熟，这让领导对他寄予厚望，相信他一定能做好销售工作。

朋友们，你们会不会在第一时间发现交谈的敲门砖呢？只有更好地运用敲门砖的魔力，你才能轻松地走进他人心里，与他人更融洽地交流。

得体的衣着，有助提高说服的效果

常言道：人靠衣裳马靠鞍。这句话的意思是说，人如果有得体的衣服搭配，就会瞬间显得气质提升。相反，如果一个人穿着邋遢，破破烂烂，那么不管走到哪里都会招人鄙视。当然，这并不是崇尚名牌。其实，衣服无论价格高低，只要得体适宜就好，还要干净整洁。举例而言，一位穷人穿着打着补丁的衣服，但是非常干净，看得出来是细心洗过的，那么他照样是应该得到我们的尊重的。相反，一个有钱人虽然穿着名牌，但是非常邋遢，那么贵的衣服上满是褶子，而且有污渍，那么我们完全有理由绕着他走。这是告诉我们，不应该以衣取人。

从另外一个角度来说，虽然我们不应该以衣服衡量他人，但是很多情况下，符合身份的衣着，的确能够帮助我们给人以良好的第一印象。心理学家研究发现，人的第一印象是非常重要的。很多时候，即便交往很早，第一印象依然影响着人们对一个人的判断和评价。因此，如果你想把自己成功推销出去，就应该穿着得体，准确定位自己身份，给人留下好印象。

正值大学生毕业季，小马代表公司去各个大学招聘，开招聘会。然而，虽然前来了解情况的大学生很多，但是真正有意向投简历的人很少，更别说表现出浓厚兴趣的学生了，更是凤毛麟角。眼看着招聘工作没有什么成果，小马很心急。

一天，小马来到自己的母校招聘，心里想着这下子可要大显身手，好好给这些学弟学妹们洗洗脑，做做工作，也给他们加油打气。旁边的一位美女负责的展位上，简直挤破了脑袋，小马这里却门可罗雀。这时，小马曾经的班主任也来了解就业行情，他远远地就看到小马了。寒暄几句之后，班主任对小马说："小马，你这毕业好几年了，也当了人力资源部的主任，怎么看着还是学生模样？"小马笑着说："学生模样好啊，说明我没老。"班主任摇摇头，说："你还和大学时候一样，大大咧咧的。你没看到隔壁的展位那么多人嘛，你看看人家那个美女的打扮，全身名牌，气场十足。你和人家一比，简直弱爆了。你要知道，你现在代表的不是你自己，而是你的公司。不信你试试，你要是听我的去买身高档西装穿上，表现出事业有成、春风得意的样子，你展位一定会有更多的人气。"真是一语惊醒梦中人啊，小马一拍脑袋："我说呢，我招聘的效果这么差。"班主任感慨地说："现在的大学生和以前可不一样了，他们更成熟，也更老练和世故。你要想说服他们去你们公司，那么你必须让他们看到你们公司的实力。说白了，现在站在这里的你就将是几年后的他们，你说他们在乎不在乎你的形象？"小马当晚就去好好捯饬了自己，第二天，一个精神抖擞的小伙子出现在大学校园里。果然，小马这一天收到的简历份数，相当于此前三倍。

仔细想想，生活中的很多场合，都与说服有着密不可分的关系。就像小马去招聘，其实也是伸出橄榄枝，说服有才华的大学生加盟的过程。然而，因为他不注重衣着，没有很好地展示公司的形象，所以收到的简历很少。幸好曾经的班主任提醒了他，他才意识到自己应该穿衣得体，与代表公司招聘的形象匹配。

得体的衣着，尤其是与身份相搭配的衣着，能够帮助我们给他人留下良好的第一印象，也能帮助我们获得他人的信任。

合适的场合，让说服沁入人心

要想说服他人，仅仅凭借三寸不烂之舌，肯定是远远不够的。早在几千年前，古人就提出了天时地利人和的概念。时代发展到今天，要想更顺利地做好事情，同样需要天时地利人和。当我们与他人意见相左，或者想要实现自己的心愿时，不但要努力说服他人，更要寻找合适的场合，这样才能让说服工作事半功倍，水到渠成。

合适的场合指的是哪里呢？例如，如果你想说服孩子服从你的命令，你可以带他去游乐场，趁着他心情大好的时候趁热打铁；如果你想说服老人和你一起居住，你应该当着孩子的面，让孩子也帮你多说好话；你想追回因为误解而分手的恋人，那么应该选择在你们当初产生误会的地方，这样才能帮助时间回到最初；如果你想挽回即将破裂的婚姻，让一切回到爱情萌芽的地方，回到你们曾经风雨同舟的过往，无疑是最好的选择。

莉莉是一名离婚律师，专门为那些想离婚的人打官司。有一段时间，莉莉接手了一个离婚案。客户是被离婚的女性，现在已经四十多岁了。客户告诉莉莉："我最开始认识我丈夫时，他还很穷，没房没车，也没钱，甚至连生活的温饱都不能保障。后来，我和他认识之后，我们筹集了一些钱，开始做些小本生意。那些年很苦，我生第一个孩子时，正在我们的小店铺里忙碌，我丈夫进货去了，孩子就这样生在店铺里。后来，是邻居把我送到医院的。再往后，我们渐渐积累了资金，生意也越做越大。前段时间，我丈夫说要卖掉他名下的一套房子，因为有高额的税费，所以必须办个离婚，让他把名下唯一房产出售。就这样，我乖乖地和他去了民政局，拿了离婚证。当时，他非要在离婚协议上注明给我多少财产，我说不用了，过几天卖房手续办完了，不又是夫妻了么，没必要分得那么清楚。"说到这里，客户痛哭流涕，"但是，现在都过去半年了，手续早就办完了，他怎么也不和我复婚了。我老了老了，居然变成孤家寡人了。"莉莉问："那么您的诉求是什么？"客户哭着说："我要复婚，我不想离婚。"莉莉为难地说："但是您现在已经离婚了。复婚，必须经过您的前夫同意。我现在能做的，就是帮你挽回财产的损失。"客户哭得更伤心了，说："我都离婚了，还要财产干什么呀！我就想复婚。"

在和客户的沟通中，莉莉感觉到客户真的对前夫还有很深的感情，根本就不想离婚。思来想去，她决定以举办离婚典礼为要求，让客户和丈夫再见一面，看看能否挽回。就这样，为了摆脱前妻的纠缠，丈夫答应了莉莉的要求。经过一个月的筹备，离婚典礼举行了。在离婚典礼上，主持人莉莉先是煽情地讲述了他们夫妻之间曾经一起奋斗，一起努力，风雨与共的经历，后来，还播放了他们好不容易才收集的照片和视频。那里既有他们结婚的情形，也有迎接孩子到来的场景，还有公司开业时夫妻俩一起接待来宾的情景。最后，莉莉让夫妻双方都说说感想，由妻子先说。妻子说：“我最亲爱的丈夫，我从20岁嫁给你，到现在已经28年了。我们的孩子远在美国，我们俩相依为命。我从来没有在乎过你有多少钱，我只是喜欢你这个人。现在，你不想再与我走完剩下的人生路，那么，既然我们当初是在亲朋好友的见证下走在一起，现在也这么结束吧。也许，你已经忘记了这里，但是我一生都不会忘记。我们正是在这里举行了简单的婚礼，那时，只有为数不多的几个亲戚朋友。现在，大家欢聚一堂，我也高高兴兴的，不再以泪洗面。”

当妻子说完这段话，丈夫早已泣不成声。他突然跪在妻子面前，说：“莉莉，我深深地向你忏悔，我错了。我不应该忘记这里，忘记我们一起携手走过的每一天。就让我们重新开始吧，我要向你求婚。”妻子高兴地和丈夫相拥而泣。

生命的长河中，曾经从我们的心头流淌而过的悲欢离合，不会那么快就烟消云散。当昔日的情景再现，我们心底深处的感情也会情不自禁地流露出来。很多时候，不是不爱了，而是遗忘了。让我们搜集回忆的线索，唤起爱人心底里最深的感动吧！

作为离婚律师，莉莉没有帮助当事人打离婚官司，而是帮助当事人圆了复婚的梦想。当然，在圆梦的过程中，莉莉为当事人出谋划策，付出了很多，最成功的无非是帮助当事人策划了这个离婚庆典。正是在二十八年前结婚的地方，莉莉帮助当事人唤起了丈夫心底的良知和爱。这就是情景再现的魅力。如果每个人都能在说服他人的过程中选择最佳的场合，还担心说服工作不能顺利展开吗？

说服并非唇枪舌剑，也可欢声笑语

很多人在准备说服他人时，总是面色凝重，一本正经，似乎发生了天大的事情。实际上，说服远远没有我们想象的那么可怕，从本质上来说，无非就是动用三寸不烂之舌，把自己的观点灌输给他人。既然如此，不管是以严肃的方式，还是以嬉笑怒骂的方式，只要能顺利说服他人，我们就达到了目的。那么，我们不妨改变一下说服的风格吧，从唇枪舌剑型，转变为欢声笑语型。这样一来，说服就会变得妙趣横生。

在生活中，有些人很喜欢皱着眉头，有些人呢，则总是乐观开朗，笑眯眯的。曾经有人说，既然哭也是一天，笑也是一天，我们为什么不笑着度过每一天呢？同样的道理，既然争吵并不能达到说服的目的，欢声笑语也许反而能给说服工作营造快乐的氛围，我们为什么不尽量笑一笑呢！聪明的你，当然会作出合理的选择。

比尔是一个非常风趣幽默的人，总是能给身边的人带来快乐，连办公室里的同事们都非常喜欢他。也许是因为比尔太好说话了吧，虽然比尔已经在这家公司干了好几年，但是工资并不高。有些比他晚进公司的同事，现在的工资都比他高多了。在没有孩子之前，比尔显然并不太在乎这个问题，毕竟一人吃饱，全家不饿，也无须要那么多金钱。然而，就在去年，比尔与一见钟情的女友结婚，今年还有了宝宝。如今，比尔深切地感受到没有钱是万万不行的。怎么办呢？换工作，显然不太合适。思来想去，比尔决定申请加薪。

比尔给老板写了一封信，内容如下："亲爱的老板，我不知道哪种尿不湿更好。作为三个孩子的父亲，您一定在这方面很有经验，所以我随信附上六种尿不湿，麻烦您给我一个合理的建议。这六种尿不湿，价格分为三档，分别是平均1美元一片、3美元一片和5美元一片。保守估计，我家孩子每天差不多要用十片尿不湿。所以，5美元一片的您就别给我推荐了，我用不起，除非现在的工资翻一翻。3美元一片的呢，相对中等，不过，我用着显然也有些经济吃紧。要想没有压力地轻松给孩子换尿不湿，我的工资至少应该提高50%。至于1美元一片的，孩子一用就红屁股，我已经为此被老婆骂过十次，打过五次。为了保住我的小命儿，继续为公司效劳，为同事们带来快乐，希望您从长计议，给我推荐一款最合适的尿不湿。我家宝宝的小屁屁就交给您啦，请您一定要慎重考虑。”

老板看到信后，忍俊不禁笑了起来。比尔就是这么幽默，即使写封信，也这么让人快乐。别说，如果比尔不在了，估计办公室的很多同事都会觉得寂寞无聊吧。为了让快乐继续留在身边，老板高兴地给比尔提笔回信说：“比尔，你把宝宝的小屁屁交给我显然是明智的，我决定给你的工资提高百分之五十，你就放心地给孩子用3美元一片的尿不湿吧。”

幽默的比尔，以这样一种独特的方式，隐晦地和老板提出加薪的请求。当然，老板非常聪明，一眼就看出了比尔的用意。其实，说服他人并不需要多费口舌，尤其是熟悉的人之间，因为彼此了解，所以很多事情都容易沟通。再加上幽默风趣的话语，说服工作几乎都能获得成功。

朋友们，你们在生活和工作中也是一个快乐的人吗？赶快培养自己的幽默能力，给自己和他人带来更多的快乐吧！

说服成功与否，取决于谈判的筹码

在生活中，我们经常需要说服他人，也常常会被他人说服。细心的人会发现，在说服他人时，有各种各样的切入点，诸如从感情的角度出发打动他人，从理智的角度出发帮助他人分析情况……总而言之，针对不同的说服对象，也针对不同的说服情况，我们有着各种各样的说服理由。在被他人说服的时候，你是如何作出是否接受他人观点的决定的呢？仔细回想，你会发现除了诸多理由之外，还有一条重要的理由，就是筹码。

从本质上来说，说服就是谈判，只不过地点随时改变，形式也不拘一格。然而，说服和谈判一样，本质上都是要把自己的观点灌输给对方，让对方接受我们的想法和建议。很多时候，说服和谈判一样，都涉及筹码。

一个月前，另外一家公司的高管张瑜特意找到孙曦，想让他跳槽过去帮忙。孙曦是目前这家公司的营销主管，在营销方面很有想法，也有实力。这家公司最早的时候默默无闻，就是因为孙曦的加盟，做了几次网络公关，现在名声大噪，而且产品也得到了大多数客户的认可。对于这样一个活菩萨，很多公司都想挖过去。不过，孙曦目前的待遇不低，有些公司觉得不可能再付出更大的代价挖人。真正把挖人的想法付诸实际行动的，就是张瑜。实际上，张瑜的身份不仅是高管，也是公司的股东之一。所以，他才能说服董事会，同意高薪聘请孙曦。

见到孙曦，张瑜开门见山地说："孙曦，我给你年薪100万元，聘请你过来当销售总监。"孙曦显然有些惊讶，因为他现在的年薪是50万元。看到张瑜一下子把他的年薪翻了一番，孙曦有些心动。不过，他并没有当即表态，而是说："我不会轻易离开我的舞台，你的条件，我考虑考虑。"看到孙曦迟疑的样子，张瑜显然有不达目的誓不罢休的气势。他马上又说："再给你5%的干股，我已经和董事会申请过了。只要你过来，一切都好说。""5%的干股，这意味着什么？"孙曦在脑海中迅速算了一笔账，意识到这是比100万元年薪更诱人的条件。随着公司的不断发展和扩大，他就像股东一样，会跟着分红，蛋糕越来越大，每个人分到的也就越来越多。孙曦怦然心动，说："好的，我交接完手里的工作，两个月后过去。"

张瑜为了挖走孙曦，显然付出了很大的代价。在其他公司高管都觉得挖不动孙曦的情况下，张瑜不但给出了百万年薪，还给出了5%的干股。这意味着什么？意味着孙曦全部都是吃现成的，直接就瓜分了公司的一部分蛋糕。当然，常常有人说，忠诚是因为背叛的筹码不够。一旦筹码足够大，也许大多数人都会怦然心动吧。当然，张瑜也不傻，他之所以付出这么大的代价，就因为他认为孙曦是棵摇钱树。在抢夺市场的今天，谁占有市场，谁就占有主动权。

提到筹码，我们不由得暗暗问自己："我们值得他人付出多大的筹码呢？"当你需要撬动别人时，你自然也要问问："他值得我们付出多大的筹码呢？"这就是现代职场的生存之道，每个人都概莫能外。

第12章

说话须有理有据：让你的语言具有说服力

空口白牙地想要说服他人，显然是很难的，除非对方一直把你视为权威人士，才会如此信任你。如果只是普通的关系，甚至他还对你所说的事情怀有质疑呢？我们又该如何说服他呢？毫无疑问，展示证据。所谓证据，既可以是科学的理论依据，也可以是身边类似的人和事，只要能让对方信服，就可以。

有理有据，说服事半功倍

说服他人显然没有我们想的那么简单，只凭一张嘴，就能横扫天下，那远远不是我们这些平凡的人所能够达到的。在大多数情况下，当我们说出一件比较新鲜的事情或者是小道消息，都会特意说明消息的来源，以便能够让他人更加信服。那么，当我们一本正经地想要说服他人时，又该如何提供证据呢？

其实，说服工作整个流程就像是一篇议论文。从进入初中开始，我们就开始接触议论文题材，也没少被老师揪着写作文。议论文：论点、论据、论证。提起议论文，这几个组成部分已经深刻地印在我们脑海里了。说服也是如此，无外乎是把文字转化为语言，先是提出论点，然后以事实或者科学依据作为论据，最后再次进行论证，巩固说服效果。只要完成这三部曲，说服工作就是非常完整而且有体系的。

要想说服他人，我们必须找一个在他人心目中高大威武的说服对象，这样他人才更加信任我们，也愿意效仿榜样。

说服要对症下药，切勿眉毛胡子一把抓

人都有追求完美的心理，希望自己每个方面都能做到最好，也拥有最大的收获。然而，人生不如意十有八九，人们很难面面俱到。相反，如果不能及时分清主次，也许会因为想要的太多，反而

事事都做不好。所以，人要有取舍心，能得到，也能失去，能占有，也能舍弃。在生活中，有很多地方都适用这个道理。

就像是写一篇文章，不可能像流水账一样，把每件事情都写得清清楚楚。只有重点突出，才能主次分明，条分缕析。这就是谋篇布局。在说服他人之前，我们也应该认真分析，做好预案。只有在说服过程中，突出重点，才能解决主要矛盾，直至彻底解决问题。否则，听者就会如坠云里雾里，根本不知道你在说什么，反而什么也没听懂，什么也听不进去。

彤彤是一家商场的化妆品专柜导购员，负责给顾客介绍化妆品，同时也推销一些高档化妆品。每次有了新的化妆品上线，公司都会组织学习和培训，并且教会彤彤这样的导购员化妆的技巧，让她们更好地为顾客服务。因为工资和奖金直接和销售业绩挂钩，所以彤彤非常努力，恨不得把她看到的每个顾客都把握好，让他们人手一套化妆品。然而，彤彤的销售业绩很一般，这让主管也很困惑，不知道是为什么。

一天，主管来柜台巡视，恰巧看到彤彤正在接待一个顾客。彤彤问顾客："请问您是什么肤质？"顾客说："我也不知道。"彤彤马上毫不迟疑地说："不知道没关系，我们这款化妆品清爽补水，适合多种肤质使用。那么，您平日里是喜欢轻薄的妆容，还是喜欢浓妆呢？"顾客想了想，说："我很少化妆，想清爽一些吧。不过，偶尔参加晚宴，应该还是要浓一些。"彤彤依然毫不迟疑地说："我们这款化妆品就很适合清爽的妆容，非常接近于裸妆。如果您喜欢化浓妆，只要多买一款口红，选唇膏颜色鲜艳一些的就适合出席晚宴。"顾客听了之后笑着说："你这个导购挺有意思，这么说你家的这一套化妆品，就是万能型的啦？"彤彤点点头，说：

“适合任何场合，任何地点，任何人。”这么说完，顾客扭头就走，说：“你家的化妆品没有任何特点。”等到顾客走了，主管对彤彤说：“彤彤，你知道你为什么没有说服顾客买咱们家的化妆品吗？”彤彤疑惑地摇摇头。主管说：“因为你太贪心了。你把化妆品说成是全能型的，顾客怎么可能相信呢？你必须突出重点，才能让顾客信服。咱们家那么多化妆品，针对每种肤质都有，你又何必要把这一款化妆品说得神乎其神呢？你必须为顾客分析，然后有针对性地给她推荐，这样才能有效。”听了主管的话，彤彤若有所思。

任何事情都不可能面面俱到，在说服的过程中，我们必须突出重点，有理有据，才能让客户更信服，也更信赖。要是把一件事情说得天花乱坠，很难有人相信。要知道，这个世界上没有绝对的完美，有瑕疵才是正常的。就像彤彤推销化妆品，如果能够针对顾客的皮肤类型，有目的地给顾客推荐，也许能给顾客更好的购物体验。

医生给病人治病，要对症下药，才能药到病除。我们说服他人，也必须有针对性，有的放矢，才能真正地让他人心服口服。

好钢用到刀刃上，好话说到点子上

很多人在说服他人时，会喋喋不休说很多，或者有直接关系，或者只有一点点关系，甚至是没有任何关系的事情也能拿来说事。其实，说服他人不是单纯地卖嘴皮子。要是只要会说话，就能说服他人，那么说服也太简单了。现实情况是，现代社会的人际关系被提升到前所未有的高度，而在一切的人际关系之中，最难的就是说服他人。如何说服他人，且不招人厌烦，又不至于说得自己口干舌燥，这是个技术活儿。

常言道，好钢用到刀刃上，好话说到点子上。不管什么事情，都要讲求效率。如果能把话说到点子上，那么即使寥寥数语，效率也会很高。相反，如果说的多是不对路子的话，即使说很多，也见效甚微。我们怎样才能把话说到点子上呢？不妨看看画龙点睛的故事吧，说话就像画眼睛，这样才能领悟到语言的精妙！

婷婷大学毕业后，先是在家待业，后来又在老师的介绍下，来到上海一家二手房经纪公司工作。这份工作，在面试的时候，负责人就对她说："一是要勤奋，二是要勤奋，三还是要勤奋。如果你想通过努力改变命运，这个行业是能够满足你的。如果你想不劳而获就过着轻松的生活，那么这个行业根本就没有必要进来。"

工作一段时间之后，婷婷渐渐适应了工作，干得很有兴致。然而，没过多久，婷婷因为工作和一名同事有了摩擦，彼此间很不愉快，这让婷婷打起了退堂鼓。得知她想辞职，当时面试她的主管说："人年轻，难免会走弯路。如果有过来人把话告诉你，你就可以省了几年宝贵的青春时光，不再迷茫。"婷婷疑惑地点点头，主管对她说："职场上，没有任何工作同事之间的关系会像朋友之间那么轻松愉快，不管你换多少份工作都一样。这么说，你还想用换工作的方式逃避吗？"婷婷认真地思考主管的话，点点头，随即又摇摇头。婷婷还是选择留下来。她经过几年的努力，如今也已经升任主管，也同样会把主管的话说给手下的那些年轻人听。

主管的话虽然不多，但是字字珠玑。她深谙职场的生存之道，不愿意看着刚刚毕业走入社会的婷婷，因为人际关系的一点小摩擦，就放弃干得风生水起的事业。她的这番话挽留了婷婷，也改变了婷婷的命运。如今的婷婷，不管遇到多大的困难都不再想离开，而是一心一意地坚持，战胜困难。

如果话说到了点子上，即使只有寥寥数语，也效果显著。相反，如果话说得根本不搭界，那么就会变成不咸不淡的废话。不管做什么事情，我们都应该瞄准目标再开炮。

说服的目的是达成共识

在说服的过程中，很多人犯了一个本末倒置的错误。他们说起话来滔滔不绝，犹如长江之水。然而，他们说来说去，发现对方根本不在听，或者即使听了也没有听到心里去。最终他们发现自己是白说了。还有些人，在说服他人的时候义正词严，把自己当成了不折不扣的正义的化身，似乎对方犯了什么天大的错误，必须由他来指责。最终，对方虽然把他的话听进去了，却与他反目成仇，并且扬言和他再无半毛钱关系。这样的说服，即使成功了又有什么意义呢？说服最终的目的，不是让对方折服，也不是让对方心悦诚服，而是让对方接受你的观点，作出适当的调整，在下一步与你达成共识。如果忘记了这个终极目标，说服就会跑偏。

这次学校组织老师出去考察，为了争取到为数不多的名额，很多老师都作了极大的努力。原本，李老师一点儿都不想去考察，觉得只是流于形式。然而，李老师的闺蜜徐老师特别想去。当听说李老师不会申请去考察的消息，徐老师当即冲到李老师家里，对着李老师就开始滔滔不绝："爱爱，这么好的机会，你怎么能不去呢？

你想想，又不花你自己一分钱，咱们不但能开开眼界，也可以顺便看看景色，多好啊！”李老师淡淡地说：“我不想去，没意思，还不如待在家里呢！”徐老师说得更加义正词严：“待在家里？你还有没有一点儿追求啊！往高尚里说，你这叫把机会留给他人；往不好的地方说，你这就叫不思进取。”

听到“不思进取”四个字，李老师很窝火。她厌烦地说：“小徐，你自己想去，就自己去申请。我去不去，关你什么事情啊？我就算不思进取，也没耽误你的事，你何必呢？”听到李老师不太友好的话，徐老师意识到自己说得太多了，也说得太重了，赶紧灰溜溜地走了。后来，李老师果然申请加入考察团，但是一路上，她都没怎么搭理徐老师。

徐老师显然是好心办坏事了。她说话的时候不讲究方式，也没注意分寸，因此把话说得太重，而且无意之间还贬低了李老师的人格，说她“不思进取”。现在，虽然李老师接受徐老师的建议，参加了考察团，却不愿意搭理徐老师，这对徐老师来说简直是得不偿失。

朋友们，在奉劝他人的过程中，我们千万不要本末倒置啊。徐老师原本只是为了和李老师一起做伴参加考察团，现在却因为说服的方式不对，把李老师得罪了。这样一来，即使李老师参加了考察团，对她来说也失去了意义。这就是说服中最容易犯的错误——本末倒置。

讲道理，一定要摆出事实

在给他人讲道理的时候，我们常常发现，不管我们怎么努力，即使把道理翻来覆去地讲，对方也没有办法认可我们的观点。明明他们的观点是错误的，他们却非要坚持自己的想法和做法，难道我们就眼睁睁地看着他们犯错，甚至给自己造成难以挽回的伤害吗？这就验证了人们常说的一句话，不到黄河不死心。很多人的确如此，即使他们的想法做法是错的，在他人已经给他们明确指出的情况下，他们依然坚持。也许只有等到真的造成严重后果时，他们才会幡然醒悟，觉得自己应该听从别人的建议。然而，为时已晚了。

在养育孩子的过程中，很多父母会制止孩子做出各种危险举动。实际上，儿童心理学专家已经指出，孩子是靠不断地探索来认知世界。即使面对一些小小的危险，父母也不应该阻止他们，只要用心做好防范工作即可。看看西方国家的育儿方式，家长会把容易伤害到孩子的边边角角都包裹起来，只要给孩子一个更好的安全环境，就放手让孩子去探索。因此，中国的父母也开始逐渐改变观点，给予孩子更大的空间成长。从某种角度来说，孩子可犯的错误有限，造成的后果也是可控的，无非是走路不小心磕到，爬高的时候摔下来。随着年龄渐渐长大，当孩子长大成人，他们所作的每一个决定也都关乎到人生，父母还能任由他们由着性子来吗？即使给予他们自由，也要是在引导的前提下。极少数孩子很乐意接受父母的建议，减少自己走弯路的次数，但是大多数孩子都不喜欢接受父母的指示，因为他们想拥有自己的广阔人生。当孩子的观点和父母的观点剧烈冲突时，父母如何有效地说服孩子呢？这个时候，语言显得那么苍白无力，孩子的全身心似乎都被自由所召唤。聪明的父母，会采取举例的方式，尤其会说一些孩子身边真实发生的事例，这样才有说服力。

帅帅大学毕业后，留在了所在的城市。父母倾尽所有，为他买了一套房子，并且在退休后搬来和帅帅一起生活。眼看着帅帅都是三十多岁的大小伙了，在事业上也发展稳定，爸爸妈妈不由得开始着急帅帅的个人问题。他们总是在帅帅面前说："帅帅啊，你也老大不小了，该找女朋友结婚了。你看看，你的同学的孩子都快能打酱油了，你却一个人孤孤单单的。"帅帅笑着安慰爸爸妈妈："放心吧，你儿子人如其名，还担心找不到女朋友吗？""我们当然知道你能找到女朋友，但是要抓紧时间啦。你看看，隔壁老李比我小好几岁，都抱孙子了。"妈妈着急地说。

半年之后，帅帅突然宣布自己在网上结识了一个女孩，是公务员。爸爸一听，紧张地问："这个女孩是哪里的？"帅帅没有领悟到爸爸的用心，轻松地说："北京的。"爸爸突然皱起眉头，说："她是公务员，能放弃工作来上海找你吗？"帅帅毋庸置疑地说："当然不会啊，北京公务员多么吃香啊！她怎么可能丢掉工作呢？"爸爸又问："那么，你会去北京找她吗？"帅帅想了想，说："也不会吧，毕竟我在银行的工作也很稳定，都十年了，人际关系都在上海。"这时，坐在一旁的妈妈着急地说："哎呀，赶紧分手吧？"帅帅不解地问："为什么，我们已经相处一年多了。"妈妈斩钉截铁地说："必须分手。像你们这种年轻夫妻，怎么可能两地分居呢！"

也许是被妈妈的语气触怒了，帅帅一声不吭地回到卧室。后来，爸爸和帅帅针对这个问题再次展开讨论，爸爸语重心长地说："孩子，现在网络这么发达，诱惑那么多，夫妻两地分居根本不现实。"帅帅不以为然地说："上海到北京的高铁，只需要5个小时。一个周末就能来回，有什么不可能？"爸爸说："你有没有想过，等你们有了孩子，难道每个周末都高铁来回吗？分居两地的夫妻，对孩子的成长有好处吗？”爸爸的话让帅帅陷入沉思，爸爸趁热打铁地说：“你还记得你伯伯家的姐姐为什么离婚吗？他们夫妻在一起生活了十几年，就因为你姐夫调动到离家几百里的地方，你姐姐又因为工作不能过去和他团聚。日久天长，感情淡了，第三者插足，就分了。而且，他们离婚时很平静，没有任何吵闹，这说明彼此的感情都淡了。更何况是你们这种从认识就两地分居，夫妻感情非常淡的情况下呢？”帅帅说：“爸爸，我会慎重考虑的。”一个月之后，帅帅和女孩经过慎重考虑，都觉得不能为了对方放弃自己现有的一切，因此友好分手了。

爸爸之所以能够说服帅帅，是因为他提到了帅帅姐姐离婚时的情形。虽然古人常说“两情若是久长时，又岂在朝朝暮暮”，但是感情依然禁不起分离。婚姻也并非只有爱情那么简单，只要两情相悦就好。婚姻，是实实在在的生活，必须建立在坚实的经济基础和感情基础之上，还需要夫妻双方彼此扶持，一起养育孩子成长。如果不能做到这一点，在现代社会这么多的诱惑之下，婚姻很容易就会被摧毁。借助于身边真实发生的例子，爸爸让帅帅陷入反思，也更加深刻地思考未来的生活模式，最终双方友好分手。

当我们在说服他人时遇到障碍时，不如丢弃那些看似高大上的理论，转而说些最贴近生活实际的，或者就说说身边活生生的例子，这样才能触动他人的心灵，让他们转而反思自己的决定，直至作出改变。

第13章

巧用说服的技巧：为自己的说服造势

现代人最讲究造势，不管做什么事情，只要把势造好了，就能表现出夸大几倍甚至十几倍的效果。看看那些明星开演唱会，提前几个月就开始走漏风声，只为了让粉丝给予他更多的关注。再看看现在大热的楼市，开发商在开盘之前提前认筹，先把人气搞起来，再来个“日光”“夜光”的，让人以为一房难求。说服同样需要造势，只有造势，才能让说服对象产生紧迫心理，更心服口服。

信息杂乱无章，如何有机组合

如今已经进入信息时代，不管什么事情，都讲究信息的流通，也讲究时效性。不得不佩服人类的智慧是多么地伟大，以前，人们之间闭目塞听，老死不相往来。现在呢，地球已经变成了不折不扣的村庄，地球那一边的新闻在几分钟的时间里，就会传到地球的这一边。这么多的信息，在让我们的眼界和思想更开阔的同时，也让我们眼前更加杂乱无章。归根结底，信息是需要整合的，只有把信息组织好，才能使其脉络清晰。

那么，我们要如何组合信息呢？首先，应该分清楚说服的主次，尤其是要了解说服的最终目的。有些说服工作，做完了就不再有后续，然而，大多数的说服工作都是为了下一步的合作。因此，在说服的时候，我们不但要选取有效信息，还不能偏激，否则就没有后续可言。其次，选择信息的时候不要贪心。信息多，都堆叠在一起并非好事，只有选择最有用的信息，做到重点突出，主次分明，说服的效果才会更好。有些人在说服之前没有做信息的整合工作，结果谈话过程中即兴发挥，甚至把不该说的信息都说出来了，只会起到相反的作用。

张子墨在代表工厂和品牌商谈判时，很想尽量为工厂争取提高利润。然而，由于前一天到达谈判地点太晚，他没有来得及整合谈判的资料。在第二天谈判桌上，张子墨给出品牌商一个报价，毫无疑问，品牌商当即表示否定，认为代加工的成本太高。

后来，张子墨又给了品牌商一份详细的成本控制表。他却忘记了，这份成本控制表是之前的报价，现在的人工、原材料等成本纷纷上涨，有些价格却没有及时调整。看完这个成本控制表，品牌商忍不住笑起来，问张子墨："小张，你这个成本控制表是最新的吗？"张子墨自知闯祸了，赶紧把成本控制表要回来看，不由得无比尴尬。原来，按照这个成本控制表来核算，价格比报价要低得多。张子墨红着脸说："不好意思啊，有些成本价格有变动，我没有及时改动。这样吧，我把价格给您再往下调调，一次性调整到最低，您就别再为难我了。"幸好，品牌商的代表还算是比较宽厚的人，在张子墨又给出新的最低报价后，并没有为难张子墨。

张子墨显然犯了致命的错误，信息传递失误，导致自己非常被动。当然，他也很幸运，遇到了一个宽容的谈判对象。对方没有抓住他的错误不放，而是宽容地接纳他的失误，给他机会重新报价。这样一来，张子墨才勉强完成了任务。试想，如果对方不给他机会重新报价呢？他岂不是要打道回府，无功而返？

朋友们，在说服他人之前，我们一定要整理好信息，以最优化组合整理信息，这样才能使信息更加清晰明确，才能更好地借助于信息作用说服他人。

循循善诱，对方才能对你亦步亦趋

常言道，一口吃不成个胖子。很多人在说服他人时，恨不得一下子就让对方接受他的观点，对他心悦诚服，这显然是不可能的。说服是一个循序渐进的过程，只有循循善诱，对方才能跟紧你的节奏，对你亦步亦趋。也只有这样，说服工作才能水到渠成，修成正果。

何为循循善诱呢？循循善诱出自《论语·子罕》：“夫子循循然善诱人。”意思是指善于引导他人进行学习。说服的过程，对于说服者而言是引导的过程，对于说服对象而言何尝不是学习的过程？因此，说服者千万不要急躁，因为每个人的学习都需要一个理解和接受的过程，而说服者要做的，就是帮助说服对象更好地接受、理解和掌握。俗话说，江山易改，禀性难移。实际上，人际交往之间，最难的就是说服他人。对于说服对象而言，最难的也是改变自己的想法和观点，接受他人的传授。只有给予双方足够的适应和交流时间，说服才会水到渠成。

这次公司准备派出五个人，去各个地方的分公司驻守，为期一年。对于这个苦差事，很多同事都避犹不及。为了提高分公司的销售额，领导思来想去，决定把马玉派到最远的甘肃。甘肃？这对于一直生活在大上海的马玉而言，简直觉得难以想象。在马玉的印象中，那里就是穷山恶水，物资匮乏，也没有任何娱乐活动的小地方。然而，尽管在忐忑不安中度过了一天，还是挡不住领导找马玉谈话。

看到马玉，领导首先笑眯眯地问：“马玉，你来公司也有三年了，有没有想往上走一步呢？”“原来不是要让我去甘肃，而是给我提干！”马玉沾沾自喜，连连点头：“当然想往上走一步啦，当然想！”领导又说：“你们这批一起进公司的年轻人中，我最看好你。你不但人踏实，工作也非常勤奋，能吃苦。我仔细观察了，这三年来，不管上级交给你什么任务，你都能完成得很好。我已经提议让上级给你提拔，但是他们说你需要更多的锻炼，你觉得呢？”马玉只能连连点头，说：“放心吧，领导，只要您给我交代任务，我一定排除万难也要完成。这样才能对得起上级的信任。”这时，领导笑得更开心了，说：“眼下就有一个很好的机会，如果你能顺利完成，公司上级一定会对你刮目相看。”马玉侧耳倾听，领导接着说：“甘肃的市场份额一直不高，但是实际上那里是有着巨大潜力的。如果你能过去开拓市场，那么回来之后很可能凭着优秀的业绩，升任市场总监。要知道，最艰苦的地方才最历练人，才能做出更大的成果。”事已至此，马玉还能说什么呢？经过领导的循循善诱，拒绝显然已经晚了，除了当即立下军令状准备奔赴战场之外，他别无选择。

马玉的领导深谙谈话的艺术，顺利捕捉到马玉这个大将，将其派往甘肃。等到马玉终于从暗自窃喜中冷静下来时，已经没法拒绝领导的指派了。这就是说服的艺术，领导在不知不觉间就让马玉答应了他的请求。

朋友们，当你们说服他人时，如果觉得为难，或者很容易被拒绝，不如也采取这样的方法，循循善诱，步步为营，让对方无法拒绝。

观点新颖，才能吸引眼球

人们最容易被什么吸引？金钱、名利、权势，这当然毋庸置疑。除了这些，人们还容易被什么吸引？那就是新颖的观点。现代社会，信息流通速度非常之快，很多观点早就已经被无数人想过，甚至有人亲身试验过。也因此，新颖的观点越来越少。很多时候，人们必须绞尽脑汁，才能脑中灵光一闪，想出一个鲜为人知的好点子。这样一来，很多人最看重的就是好的创意和金点子，也很容易被这些奇思妙想所吸引。归根结底，只有掌握了好的创意和点子，人们才能抢占先机，占据优势。不是曾经有人说过嘛，如果一件事情满大街的人都想去干，那么这件事情很难挣钱，也很难成功。只有知道的人越少，才有可能获得真正的成功。

现代社会，有很多人创业的时候虽然有好点子，却缺乏启动资金，因此他们四处游说，让有钱人投资。这个时候，公司除了是脑海中的设想之外，没有任何实体。那么，游说除了靠三寸不烂之舌，还靠什么？反过来说，即使你口才再好，如果没有好的创意，也是很难吸引他人关注的。相反，哪怕你口才平平，但是你的点子的确是金点子，也会吸引很多投资人的目光。由此可见，观点必须新颖，才能吸引他人的眼球，才能招来金凤凰。

孟超大学毕业后，工作了两年。后来觉得始终没有大的发展，便决定自主创业。虽然工作两年，但是孟超的工资只够养活自己，所以现在的他依然两手空空，没有任何启动资金。幸运的是，孟超从事的是销售工作，积累了很多宝贵的经验。他决定还是从自己的专业入手，做网络。再结合销售经验，孟超相信自己一定能干好。思来想去，孟超发现淘宝上有很多卖婴儿口水巾、三角巾、袜子、帽子等小零碎的，不由得动了心思。他去工厂问过，一条三角巾的成本只要一块多钱，却能卖到至少七八块，甚至十几块钱，利润非常高。再加上这类东西非常简单，妈妈们在买的时候很容易在网上成交，因此虽然单价低，但是走量非常可观，成本也低。开这样的一家网店，自己联系厂家生产，只需要十万元的启动资金。想到这里，孟超怦然心动。

为了筹集资金，孟超在网上作了大量调研，然后拿着调研的资料开始四处游说关系比较好的同学，想让他们投资与他一起开店。在走访到第八个同学时，恰巧那个同学也正处于失业期，并且能从父母那里借到一些钱。就这样，孟超把自己的调研报告和可行性报告，一一分析给同学听，并且还带同学去了联系好的加工厂家。眼看着万事俱备，只欠东风，同学觉得他的观点非常新颖，时机也非常好，因此与他一拍即合，决定马上借钱投资给他，与他一起开店。很快，他们的淘宝商城就成立了，专门做婴幼儿的用品。后来，他们发展得非常好，还做起了品牌的婴幼儿服装呢！

观点新颖，才能吸引他人的关注，让他人认可你的创意。也只有观点新颖，才能抢占先机，占领市场。孟超和同学，从两个失业青年摇身一变成为两个小老板，这离不开孟超的好点子，也离不开同学的资金支持。这样的相辅相成，恰恰是年轻人之间最需要的。

如果你也想为自己吸纳更多的资金，或者找到更多的合作伙伴，那么就要向孟超学习，更深入地调研市场，找到金点子。这样，说服他人才更加轻松。

志同道合，还有拒绝的理由吗

如果一个站在你对立面的人，向你提出建议，你会接受吗？也许即使你觉得他的建议是正确的，也会因为你们彼此对立的关系而刻意否定他。那么，如果是你志同道合的朋友向你提出建议，你会拒绝吗？答案当然是否定的。因为既然你们志同道合，你在心里就会暗示自己，对方的观点从某种程度上代表了你。因此，你不会拒绝他，反而会情不自禁地说服自己，接受他的观点，帮助和支持他实现自己的观点。这就是志同道合的朋友情谊。

所谓志同道合，指的是有着相似的价值观、人生观和世界观，也有着相似的志向，彼此在人生的道路上相互扶持，彼此认可和欣赏。对于这样一个人，我们不能生硬地拒绝他，甚至当他提并不出契合我们心灵的建议时，我们也无法拒绝他。事情就是这么奇妙，如果你想说服他人，即使面对的是陌生人，也不妨让你们变得志同道合起来。

乔乔和佳佳是好朋友。大学毕业后，她们进入当地的小学当老师，工作得很不愉快。每个班级都有七八十个学生，乔乔不得不大声喊着讲课，后面的同学才能听见，她很快就得了咽炎。佳佳呢，情况也好不到哪里去，因为带的是高年级的孩子，所以已经被几个比她还高的小家伙们气哭好几次了。后来，乔乔动了心思，想要辞掉教师的工作，自己做生意。但是，一个人显然是不行的，乔乔想把佳佳也拉上。

一个周末，乔乔和佳佳一起吃饭，乔乔说："佳佳，你当老师高兴吗？"佳佳毫不犹豫地摇摇头，说："我班里的学生比我还高，我都快被气死了。"乔乔说："你听听，我现在连唱歌都不能唱了，早就咽炎了。我一点儿都不想当老师。你觉得，做生意怎么样？"佳佳说："自己当老板，当然好啊！"这时，乔乔又说："你不是一直喜欢做服装设计吗？我想，咱们可以开一家服装店，从面料到款式设计再到成衣，高端定制，如何？"乔乔的话让佳佳很心动，但她又有些犹豫，问："钱从哪儿来呢？"乔乔毫不犹豫地说："钱你就别担心啦，我来想办法。你要做的，就是和我一起辞职，然后成为设计师，怎么样？"佳佳想了想，欣然应允。她们毕竟是志同道合的好朋友，她怎么能拒绝乔乔邀请她做喜欢的事情呢？

志同道合，远远不止说的那么简单。很多朋友之间看起来有着共同的兴趣爱好，心里却并没有真正做到彼此欣赏。这样的志同道合，是貌合神离的。乔乔和佳佳无疑是真正的志同道合，她们有着共同的理想和兴趣，因此说起话来一拍即合，根本无须说服。实际上，志同道合本身就是一种说服。

朋友们，也许有的时候我们需要面对陌生人，去说服他们。在这种情况下，虽然做不到真正的志同道合，但是如果在言谈举止之间寻找到共同的兴趣爱好，使谈话氛围和谐，那么也可以做到志同道合。即便这样，也会给我们的说服工作降低难度，使其更容易获得成功。

抛砖引玉，才能博得满堂彩

所谓抛砖引玉，就是把自己不成熟的意见或者作品呈现出来，从而引出他人更好的意见或者作品。人们常常把抛砖引玉用在交谈之中，以此作为自谦之词。诸如，大家欢聚一堂，探讨怎样才能更好地解决问题。这时，先发言者博得喝彩，他就会谦虚地说：“我这是抛砖引玉，相信后来者给出的建议会更加中肯、实用，也必然更精彩。”这样的谦虚之词，有的时候会变成事实。很多时候，人的灵感需要激发。后来者在听前面的人发表意见时，很可能突然之间就产生了更新颖或者更成熟的想法，让人为其喝彩。

将抛砖引玉的做法用在说服工作中，其实是一种诱导作用。即先故作不成熟地说出自己的观点，代表一种取向，然后让说服对象顺着你的思路找到灵感，说出你真正想要表达的观点或者内容。这么做，虽然最终的目的都说出来了，但是，由说服者说出，和由说服对象说出，效果截然不同。由说服者说出，说服对象很可能对此产生抵触心理，故意不接受；相反，由说服对象在说服者的引导下自己说出，那么他就会将其视为自己精神活动的成果，甚至会以此为傲，沾沾自喜，自然也就不存在抵触的问题了。这就是说服的智慧。

小朱和罗薇刚刚新婚不久，正准备去度蜜月。小朱对四川九寨沟的风景情有独钟，特别想去四川。然而，当时四川刚刚地震不久，罗薇强烈反对，一则不安全，二则罗薇想去国外走一圈，去马尔代夫看看碧海蓝天。因此，罗薇说："哎，你还记得咱们看到的丽娜的蜜月照吗？"小朱说："有点印象。我总觉得她的蜜月照是P出来的呢，记得是碧海蓝天，特别美丽。"罗薇说："你这就老土了吧。人家那个一点儿都没P，我都在网上查过了，马尔代夫就是那么美，就像是在画里一样。你说，住在下面是海浪的小木屋里，该觉得多么浪漫啊！那才是真正的天涯海角呢！"小朱突然说："哎呀，要不咱们别去九寨沟了，既然花的钱是差不多的，咱们不如也赶时髦去国外转一圈，毕竟也是国外啊！"

看到小朱上道了，罗薇笑着说："也好啊。但是，你不是一直想去九寨沟吗？"小朱不以为然地说："嗨，九寨沟随时都能去。而且，现在不是流行国外旅游嘛！咱们就去马尔代夫吧，你又那么喜欢大海，这次可以天天泡在海里了！"就这样，小朱说完就开始上网查看旅游攻略，准备报团。看着小朱高兴的样子，罗薇暗暗窃喜：这可是你自己提出来的啊！

罗薇很聪明，虽然想去马尔代夫，却因为害怕遭到小朱的反对，所以没有明确提出来。她故意引导小朱，让小朱想起丽娜婚纱照的美丽，从而自己提出来去马尔代夫度蜜月。如此一来，不但罗薇很高兴，小朱也因为自己的英明决策兴奋不已，可想而知必然是一趟快乐的行程。

这就是说服的魅力。聪明的说服者会抛砖引玉，把露脸的机会留给说服对象，这样才能皆大欢喜。

大造声势，才能抢占先机

毫无疑问，在和他人交谈时，我们都应该真诚。尤其是当我们面对合作的伙伴或者亲爱的朋友同事，也需要真诚，才能赢得对方的尊重。然而，不是每件事情凭借着原原本本的陈述就能占据主动，有些时候，在交谈的过程中，为了达到预期的效果，我们还要学会造势。

何为大造声势呢？大造声势，就是把原本有限的影响力故意夸大，以吸引或者影响更多的人。很多明星在举行演唱会之前，会故意提前走漏风声，还会通过各种媒体透露演唱会的小细节，以便吸引更多的粉丝买票观演。

虽然我们不是明星，也不需要那么多的人气，但是在生活中，我们依然常常需要在一些事情中抢占先机，这样才能从容不迫地获得成功。作为普通人，我们应该如何运用这一计谋，帮助自己达成心愿呢？

宋刚去年大学毕业后，没有留在大城市，而是回到家乡的小县城工作。作为一个名牌大学毕业的工程师，他在建委得到了领导的重用。的确，早在领导们去他所在的大学招聘时，就一眼选中了仪表堂堂、专业能力强的宋刚，当时，领导就承诺他："我们县明年要修建跨江大桥，只要你回去，这个工程就会让你负责。"对于一个即将毕业的毛头小伙子来说，能够主持修建跨江大桥，无疑是极大的荣誉，宋刚甚至都想到母亲向别人介绍他时脸上洋溢的自豪。

领导果然说到做到，虽然宋刚大学毕业刚刚一年多，但是当跨江大桥项目开始实施时，他马上任命宋刚走马上任，作为甲方代表与乙方对接。在"跨江大桥办公室"成立后，宋刚还被任命为办公室主任，负责管理施工现场和办公室的日常工作。尽管宋刚是名牌大学毕业的高材生，在小县城里是不可多得的人才，但是他毕竟实战经验有限，对于现场人力和物力的调度明显感到有些力不从心。

有一次，宋刚去现场，听到施工单位的人不屑一顾地说："这个毛头小伙子就是甲方的代表啊，行不行啊！"听到这句刺耳的话，宋刚觉得很尴尬。然而，这也给了他一个提醒：他是甲方代表，做事情应该理直气壮，因为他代表的是甲方。从此之后，宋刚一改往日底气不足的样子，把自己真正伪装成"甲方代表"，不管做什么事情都理直气壮。为了树立威信，他还几次毫不留情地给乙方开会，指出工程技术上的不足。果然，经过这番大造声势，再也没有人敢小瞧宋刚了，大家见到他都毕恭毕敬地称呼他"宋工"。每当遇到技术难题时，乙方工程师还会主动来请教宋刚呢！

如果不是大造声势，估计乙方始终会觉得宋刚只是一个刚毕业的毛头小伙子，什么也不懂，不足为惧。甚至会因为这种心理，故意不把宋刚放在眼里，甚至糊弄宋刚。如此一来，不但宋刚遭到鄙视，大桥工程的质量也缺乏保障。聪明的宋刚利用各种机会给自己大造声势，打出了自己的名号，最终占据主动，让每个人都尊敬地称呼他“宋工”。只有这样，宋刚的工作才能顺利展开。

朋友们，当你们觉得自己在某种情况下失去主动地位时，不如故意夸大声势，给自己造势，这样才能树立自己的威信，为生活和工作创造便利条件，也为说服他人增强可能性。

参考文献

［1］朱岚岚.说服他人关键30秒［M］. 北京：北京理工大学出版社，2011.

［2］高德.怎样有逻辑地说服他人［M］. 北京：北京时代华文书局，2014.

［3］庄力.超级说服术:瞬间说服所有人的秘笈［M］. 北京：时事出版社，2014.

［4］张浩强.说服力扭转影响力：有效说服他人的超强心理学［M］. 北京：人民邮电出版社，2013.